高等职业教育财务会计类富媒体智能型 · 工学结合系列教材

U0648739

企业财务管理
技能训练

QIYE CAIWU GUANLI

JINENG XUNLIAN

张冬花 李飞 主编

东北财经大学出版社
Dongbei University of Finance & Economics Press
大连

图书在版编目（CIP）数据

企业财务管理技能训练 / 张冬花，李飞主编. —大连：东北财经大学出版社，2023.6

（高等职业教育财务会计类富媒体智能型·工学结合系列教材）

ISBN 978-7-5654-4693-1

Ⅰ.企⋯　Ⅱ.①张⋯②李⋯　Ⅲ.企业管理−财务管理−高等职业教育−教材

Ⅳ.F275

中国版本图书馆CIP数据核字（2022）第212665号

东北财经大学出版社出版

（大连市黑石礁尖山街217号　邮政编码　116025）

网　　址：http：//www.dufep.cn

读者信箱：dufep@dufe.edu.cn

大连日升彩色印刷有限公司印刷　东北财经大学出版社发行

幅面尺寸：185mm×260mm　　字数：216千字　　印张：10.25

2023年6月第1版　　　　　　2023年6月第1次印刷

责任编辑：王天华　刘晓彤　　　　　责任校对：王　筱

封面设计：原　皓　　　　　　　　　版式设计：原　皓

定价：24.00元

教学支持　售后服务　　联系电话：（0411）84710309

版权所有　侵权必究　　举报电话：（0411）84710523

如有印装质量问题，请联系营销部：（0411）84710711

前　言

　　2011年，我校财务管理专业有幸获批为"高等职业学校提升专业服务产业发展能力"项目中央财政重点支持建设专业。"财务管理"是大数据与财务管理专业的核心课程，教材开发与配套教学资源建设是专业建设中的一项核心任务。为提升专业服务产业发展能力，我校财务管理教学团队深入企业调研，走访行业企业及兄弟院校财务管理专家，与企业共同研发"财务管理"课程配套教材，形成了《企业财务管理》教材及配套的技能训练。2017年，我校工商管理学科作为优势特色学科被确定为山西省"1331工程"重点学科建设计划首批支持学科，《企业财务管理》教材及配套的技能训练被评选为山西省"1331工程"重点学科建设成果。2019年，根据《教育部 财政部关于实施中国特色高水平高职学校和专业建设计划的意见》（教职成〔2019〕5号）和《教育部 财政部关于印发〈中国特色高水平高职学校和专业建设计划项目遴选管理办法（试行）〉的通知》（教职成〔2019〕8号）等文件要求，山西省财政税务专科学校被确定为教育部中国特色高水平高职学校建设单位，会计专业群被确定为高职学校高水平建设专业群。"财务管理"课程作为会计专业群的核心课程，其教材及配套的技能训练也被列为高水平会计专业群课程资源的重要组成内容。

　　本配套教材具有实用性强、内容丰富、适用范围广等特点。根据企业财务管理岗位工作要求，设计了财务管理认知、财务管理价值观念、筹资管理、项目投资管理、证券投资管理、营运资金管理、收益分配管理、预算管理、成本控制、财务分析等十个学习项目，每个项目又分为若干个学习任务。由于每个学习任务均有相应的习题与实训任务，既方便教师按照教学任务的顺序布置课后训练，也能使学生完成课后训练的时间得以提前，不必等到每个项目讲授结束后才能进行相应的课后训练，实用性较强；题量比较丰富，每个知识点都配有不同的题型，可以强化学生的记忆；通用性较强，适用于所有开设"财务管理"课程专业的教师和学生使用。

　　本配套教材由长期从事财务管理教学与实践、经验丰富的教师编写，由山西财政税务专科学校的张冬花、李飞担任主编，宋秋萍、裴淑琴担任副主编。其中，项目一、四、十由张冬花编写，项目二、五、七由宋秋萍编写，项目三由李飞编写，项目六、八、九由裴淑琴编写。

　　本配套教材是我校"双高校"建设中会计专业群建设的一个阶段性成果。由于编者水平有限，书中难免有不妥之处，恳请各位专家、学者及广大读者批评指正并提出意见，我们虚心接受，不断努力。

编　者

2023年5月

目　录

项目一

财务管理认知

任务一　财务管理的内涵

一、名词解释

1.财务管理

2.财务活动

3.财务关系

二、思考题

1.财务活动包括哪些内容？

2.财务管理过程中应正确处理哪些方面的经济关系？

三、单项选择题

1.财务关系是企业在组织财务活动过程中与有关方面发生的（　　　）。

　A.经济往来关系　　B.经济责任关系　　　C.经济协作关系　　　D.经济利益关系

2.下列各项能够体现企业与投资者之间财务关系的是（　　　）。

　　A.企业向职工支付工资

　　B.企业向其他企业支付货款

　　C.企业向国家税务机关缴纳税款

　　D.国有企业向国有资产投资公司支付股利

3.企业筹资活动的最终结果是（　　　）。

　　A.银行借款　　　　B.发行债券　　　　C.资金流入　　　　D.发行股票

4.企业与政府之间的财务关系，主要是通过（　　　）来体现的。

　　A.税收　　　　B.利润　　　　C.缴费　　　　D.借款

5.财务管理区别于其他管理的特点是，财务管理为一种（　　　）。

　　A.劳动要素管理　　B.物资管理　　　C.价值管理　　　D.使用价值管理

四、多项选择题

1.企业财务活动包括（　　　）。

　　A.筹资活动　　　　B.投资活动　　　　C.资金营运活动　　　D.分配活动

2.企业财务关系包括（　　　）。

　　A.企业与政府的财务关系

　　B.企业与投资者、受资者的财务关系

　　C.企业与债权人、债务人的财务关系

　　D.企业与职工的财务关系

3.下列各项属于企业筹资所引起的财务活动的有（　　　）。

　　A.偿还长期借款　　　　　　　　B.购买国库券

　　C.支付股票股利　　　　　　　　D.商业信用

4.下列各项属于资金营运活动的有（　　　）。

　　A.采购材料支付货款　　　　　　B.销售产品收取货款

　　C.发行股票　　　　　　　　　　D.长期借款

5.投资者将资金投入企业时，通常要与企业发生的财务关系有（　　　）。

　　A.对企业实施控制权　　　　　　B.参与企业利润分配

　　C.分配企业净资产的权利　　　　D.对企业承担法律责任

五、判断题

1.企业的生产经营过程，不仅表现为实物商品的运动，而且表现为资金的运动。　　　　　　　　　　　　　　　　　　　　　　　　　　　　（　　　）

2.民营企业与政府之间的财务关系，体现为一种投资与受资的关系。　（　　　）

3.财务活动是指企业生产经营过程中客观存在的资金运动。　　　　　（　　　）

4.企业营运资金的周转期与其生产经营周期相一致。　　　　　　　　（　　　）

5.企业利用短期借款来满足日常生产经营的需要属于筹资活动。　　　（　　　）

任务二　财务管理的目标

一、名词解释

1.财务管理目标

2.企业价值

3.利润最大化

二、思考题

1.利润最大化目标的缺点是什么？

2.经营者与所有者之间产生矛盾、冲突的根源是什么？有哪些表现，又该如何协调？

三、单项选择题

1.我国财务管理的最优目标是（　　）。
　　A.产值最大化　　　B.利润最大化　　　　C.每股利润最大化　　D.企业价值最大化
2.下列各项能够较好地反映股东财富最大化目标实现程度的指标是（　　）。

A.利润额　　　　　B.总资产报酬率　　C.市场占有率　　　　D.每股市价

3.影响企业价值的两个最基本的因素是（　　　）。

A.时间和利润　　B.利润和成本　　C.风险和报酬　　D.风险和贴现率

4.企业价值最大化目标强调的是（　　　）。

A.实际利润额　　B.实际利润率　　C.预期获利能力　　D.市场占有率

5.为确保企业财务目标的实现，下列各项可用于协调所有者与债权人之间矛盾的措施是（　　　）。

A.所有者和债权人解约　　　　　　B.限制性借债

C.被其他公司接收或兼并　　　　　D.激励制度

四、多项选择题

1.关于企业财务管理目标的观点有（　　　）。

A.利润最大化　　　　　　　　　　B.每股收益最大化

C.市场份额最大化　　　　　　　　D.股东财富最大化

2.以利润最大化作为财务管理目标的不足之处有（　　　）。

A.没有考虑实现利润的时间因素　　B.没有考虑实现利润与投资的对比关系

C.没有考虑实现利润的风险因素　　D.不便于理解

3.以企业价值最大化作为财务管理目标的优点有（　　　）。

A.考虑了获取利润的时间因素　　　B.考虑了获取利润的风险因素

C.反映了企业当前的获利能力　　　D.避免了经营者的短期行为

4.协调所有者与经营者之间矛盾的措施有（　　　）。

A.所有者解聘经营者　　　　　　　B.所有者向企业派遣财务总监

C.企业被接收或兼并　　　　　　　D.给予经营者股票期权

5.股东财富最大化目标的缺点有（　　　）。

A.没有考虑风险因素　　　　　　　B.不容易量化

C.股价受多种因素影响　　　　　　D.只适合于上市公司

五、判断题

1.企业价值与企业获利能力成正比，与企业风险成反比。　　　　　　　　（　　）

2.以企业价值最大化作为财务管理目标有利于社会资源的合理配置。　　（　　）

3.以利润最大化作为财务管理目标可能导致管理者的短期行为。　　　　（　　）

4.股东财富最大化目标的实现程度一般可以用企业股价衡量。　　　　　（　　）

5.只要能够获取最大的利润，就可以使企业价值最大化。　　　　　　　（　　）

6.市场经济条件下，风险与报酬是成反比的，即投资风险越大，获取的报酬就越小。　　　　　　　　　　　　　　　　　　　　　　　　　　　　　　（　　）

任务三   财务管理的环节

一、名词解释

1.财务预测

2.财务决策

3.定性预测

二、思考题

1.财务管理有哪些环节？各环节的主要内容是什么？

2.财务管理的各环节之间存在何种关联？

三、单项选择题

1.市场经济条件下，财务管理的核心环节是（   ）。

　A.财务预测　　　　B.财务决策　　　　　C.财务预算　　　　　D.财务控制

2.下列各项属于财务控制事前控制阶段的是（   ）。

A.研发阶段的成本控制　　　　　　　B.施工阶段的质量控制

C.生产阶段的成本控制　　　　　　　D.完工阶段的成本控制

3.财务管理的首要环节是（　　　）。

A.财务决策　　　　B.财务分析　　　　C.财务预算　　　　D.财务预测

四、多项选择题

1.财务预测的方法主要有（　　　）。

A.定量预测法　　　　　　　　　　　B.损益决策法

C.定性预测法　　　　　　　　　　　D.概率决策法

2.财务决策的方法主要有（　　　）。

A.差量对比法　　　　　　　　　　　B.指标对比法

C.概率决策法　　　　　　　　　　　D.高低点法

3.财务预测的内容主要包括（　　　）。

A.营业收入预测　　　　　　　　　　B.成本和费用预测

C.利润预测　　　　　　　　　　　　D.资金预测

五、判断题

1.定性预测法是根据历史资料运用数学方法对企业一定时期的财务指标作出的估计和测算。　　　　　　　　　　　　　　　　　　　　　　　　　（　　　）

2.财务决策是对拟订的备选方案进行测算分析的基础上选择最优方案的过程。（　　　）

3.财务预算就是对企业一定时期的总体财务目标的分解和落实。　　　　（　　　）

4.财务控制是为保证财务预算顺利实现而制定的一系列具体措施。　　　（　　　）

任务四　财务管理的环境

一、名词解释

1.财务管理环境

2.宏观环境

3.经济环境

二、思考题

1.企业财务管理的外部环境对企业有什么影响？

2.金融市场该如何分类？

三、单项选择题

1.没有风险和通货膨胀情况下的均衡点利率是指（　　）。

　　A.基准利率　　　　　B.固定利率　　　　　C.纯粹利率　　　　　D.名义利率

2.在其他条件相同的情况下，5年期债券与3年期债券相比，其（　　）。

　　A.通货膨胀补偿率较大　　　　　　　B.违约风险收益率较大

　　C.流动性风险收益率较大　　　　　　D.期限性风险收益率较大

3.依照利率之间的变动关系，利率可以分为（　　）。

　　A.固定利率和浮动利率　　　　　　　B.市场利率和官定利率

　　C.名义利率和实际利率　　　　　　　D.基准利率和套算利率

4.按证券交割的时间划分，金融市场可以分为（　　）。

　　A.贴现市场和回购市场　　　　　　　B.货币市场和资本市场

　　C.现货市场和期货市场　　　　　　　D.发行市场和流通市场

5.下列各项不属于资金利率的组成部分的是（　　）。

　　A.纯粹利率　　　　　　　　　　　　B.存款利率

　　C.违约风险附加率　　　　　　　　　D.通货膨胀附加率

四、多项选择题

1.在不存在通货膨胀的情况下，利率的组成因素包括（　　）。

　　A.纯粹利率　　　　　　　　　　　　B.违约风险附加率

　　C.流动性风险附加率　　　　　　　　D.期限性风险附加率

2.资金利率通常由三部分组成，其中风险收益率包括（　　　）。

  A.违约风险收益率　　　　　　　　　B.期限性风险收益率

  C.流动性风险收益率　　　　　　　　D.利率风险收益率

3.企业财务管理的宏观经济环境因素主要包括（　　　）。

  A.政府经济政策　　B.经济发展状况　　C.资金市场　　　　D.市场竞争

4.影响财务管理的金融环境因素主要包括（　　　）。

  A.金融市场　　　　B.金融机构　　　　C.利息率　　　　D.金融工具

5.金融市场的构成要素主要包括（　　　）。

  A.主体　　　　　　B.金融体制　　　　C.客体　　　　　D.参加者

五、判断题

1.企业的理财活动会受到经济周期的影响，比如经济衰退阶段利率下降，企业筹资将比较困难。　　　　　　　　　　　　　　　　　　　　　　　（　　　）

2.利率是一定时期金融市场上运作资金资源的交易价格。　　　（　　　）

3.金融性资产的流动性越强，风险就越大。　　　　　　　　　（　　　）

4.通货膨胀也是一种风险，投资者因通货膨胀而要求提高的利率也属于风险收益率。　　　　　　　　　　　　　　　　　　　　　　　　　　　（　　　）

5.从财务管理的角度看，资产的价值既不是其成本价值，也不是其产生的会计收益。　　　　　　　　　　　　　　　　　　　　　　　　　　　　（　　　）

案例与实训

一、案例分析

福耀玻璃的品牌故事

1975年，年近30岁的曹德旺经过打拼已经积攒了5万多元的资金。1976年，在其老家福清市的高山镇，一家名为高山异形玻璃厂的乡镇企业建立。1977年，曹德旺开始在这家小企业担任采购员，推销人称"大陆货"的水表玻璃，而单一的产品让这家小厂年年亏损。1983年4月，曹德旺承包了这家乡镇企业，他决定改变产品路线。当时，汽车玻璃基本依赖于国外原厂进口。原本成本仅为一两百元的汽车玻璃，进口价格却高达几千元一块。曹德旺决定就此改变发展方向，带着玻璃厂进军这一国内全新领域，作出一块中国人自己的汽车玻璃。1985年，曹德旺花费巨资从芬兰引进了最先进的生产设备，同时引进全国各地的人才进行技术攻关。在齐心协力的研发下，曹德旺的玻璃厂终于制造出了汽车专用玻璃，彻底改变了这一领域百分之百依赖进口的历史，产品供不应求。曹德旺的玻璃厂4个月便赚到了第一个70万元。1986年，玻璃厂的利润更是达到2 000万元。1987年，在原有玻璃厂的基础上，曹德旺成立了福耀玻璃有限公司（简称"福耀玻璃"），生产的汽车玻璃很快就打入了中国香港市场。1989年，福耀玻璃开始向广州标致（现为"东风标致"）出售汽车玻璃，标志着公司的业务已经拓展至汽车玻璃配套市场。1992年，福耀玻璃改制为股份有限公司，并于次年登陆国内A股市场，成为我国第一家引入独立董事的公司。福耀玻璃的效益越做越好，以至于其现金分红高达募集资金的22倍，在我国股市历史上也是头一家。1991年，福耀玻璃出口到加拿大，迈出了走向国际市场的第一步。1993—1994年，福耀玻璃在中国香港成立了多家子公司，服务进出口与投资事务，并在美国成立了绿榕玻璃工业有限公司，全面涉足北美市场。1995年，福耀玻璃工业集团股份有限公司（简称"福耀集团"）正式组建成立，企业愈发成熟。1999年，经过3年的合作，曹德旺利用4 000万美元买断法国圣戈班在福耀集团的所有股份。这时的福耀集团技术成熟，管理先进，决定北上我国长春建立公司，构建国内的跨省区生产网络。2005年，福耀集团与德国奥迪合作，正式进军高端市场，标志着福耀集团掌握了汽车玻璃配套的高难度技术。福耀集团坚持每年投入巨额研发费用，产品拥有独立知识产权，部分高新技术产品代表了世界最高制造水平。凭借过硬的产品品质，福耀集团在竞争激烈的国际市场上占据了一席之地，产品配套宾利、奔驰、宝马、路虎等国际豪华品牌，工厂分布美国、德国、俄罗斯等国家。2015年，曹德旺在通用汽车工厂旧址上投资修建了福耀玻璃工厂。2017年，福耀集团的欧洲公司奠基，于次年正式投入生产。2019年，福耀集团收购了德国SAM资产，提升了汽车玻璃集成化生产能力。据胡润慈善榜统计，曹德旺至今个人捐款已累计达到110亿元人民币。面对新型冠状病毒引起的疫情，福耀集团两次累计捐款1.4亿元人民币。从一个亏损的乡镇小厂，到如今具有国际话语权的世界名企，福耀集团见证了中国制造的崛起。

资料来源：十万个品牌故事. 从亏损小厂到世界名企，曹德旺是如何书写华商创业奇迹的［EB/OL］.［2020-05-13］. https：//baijiahao.baidu.com/s？id=1666506070727030080&wfr=spider&for=pc.

根据上述资料，分析讨论以下问题：

（1）你认为福耀集团的财务管理目标属于哪种？为什么？

（2）福耀集团股票上市给企业和股东带来了哪些影响？

（3）曹德旺作为企业家是如何履行社会责任的？

二、实训项目

1.项目名称：理财环境分析。

2.实训目的：

（1）了解财务管理的概念和内容；

（2）理解财务管理的目标、环节和环境。

3.实训场景：模拟或实际的理财环境。

4.实训指导：

（1）王林目前拥有30 000元，打算在本市投资一家小型的广告公司。

（2）了解小型广告公司的法定注册资本的最低限额是多少？如果需要贷款，银行贷款又有哪些限制条件？

（3）试分析当前的宏观经济环境存在哪些有利影响和不利影响？

（4）作出一个市场调查，了解一下本市目前共有多少家广告公司，平均利润率是多少?

（5）根据王林的经济实力，测算一下1年后的盈利水平。

5.实训报告：

实训后应完成实训报告，具体内容包括：广告公司的经营策略有哪些？应采取何种理财方式？我国的公司管理制度和金融体制如何？通过实训你有哪些收获？

项目二

财务管理价值观念

任务一　资金时间价值

一、名词解释

1. 资金时间价值

2. 终值

3. 现值

4. 年金

二、思考题

1. 年金有哪些分类？每类年金有何特点？

2. 不同时间的资金为什么不能直接进行比较？如何才能进行比较？

三、单项选择题

1. 同一资金量在不同时点的价值差额称为（　　　）。

　　A. 利息　　　　　　　B. 投资收益　　　　　C. 资金时间价值　　　D. 资金周转额

2. 资金时间价值的真正来源是（　　　）。

　　A. 资金使用权和所有权的分离　　　　B. 资金所有者推迟享受的回报

　　C. 随时间推移自然产生的增值　　　　D. 劳动者创造的新价值

3. 下列各项属于资金时间价值的是（　　　）。

　　A. 银行借款手续费　　　　　　　　　B. 支付给职工的薪酬

　　C. 原材料费用　　　　　　　　　　　D. 利息

4. 王先生存入银行 10 000 元，期限为 5 年，单利率为 4%，则其 5 年后的本利和为（　　　）元。

　　A.10 400　　　　　　B.10 200　　　　　　C.12 000　　　　　　D.12 167

5. 王先生每年年末存入银行 10 000 元，期限为 5 年，复利率为 4%，则其 5 年后的本利和为（　　　）元。

　　A.10 400　　　　　　B.52 000　　　　　　C.54 163　　　　　　D.52 167

6. 王先生每年年末欲从银行取出 10 000 元，期限为 5 年，复利率为 4%，则其现在应存入银行（　　　）元。

　　A.56 330　　　　　　B.52 000　　　　　　C.44 518　　　　　　D.48 000

7. 年金现值系数的倒数，称之为（　　　）。

　　A. 年金终值系数　　　B. 资本回收系数　　　C. 偿债基金系数　　　D. 复利终值系数

8. 王先生现在向银行存入 100 000 元，期限为 5 年，复利率为 4%，则其每年年末可从银行取出（　　　）元。

　　A.20 000　　　　　　B.24 000　　　　　　C.22 463　　　　　　D.21 599

9. 下列各项中，代表先付年金现值系数的是（　　　）。

　　A. $[(P/A, i, n+1) + 1]$　　　　　　B. $[(P/A, i, n+1) - 1]$

　　C. $[(P/A, i, n-1) - 1]$　　　　　　D. $[(P/A, i, n-1) + 1]$

10. 某企业年初获得 50 000 元贷款，10 年期，年利率 12%，每年年末等额偿还。已知年金现值系数为 $(P/A, 12\%, 10) = 5.6502$，则每年应付金额为（　　　）元。

　　A.8 849　　　　　　B.5 000　　　　　　C.6 000　　　　　　D.28 251

11. 下列关于递延年金的说法中，不正确的是（　　　）。

　　A. 递延年金无终值，只有现值

　　B. 递延年金终值计算方法与普通年金终值计算方法相同

　　C. 递延年金终值大小与递延期无关

　　D. 递延年金的第一次支付是发生在第一期期末的若干期以后

12. 下列各项表示资金时间价值的利息率的是（　　　）。

　　A. 银行同期贷款利率　　　　　　　　B. 银行同期存款利率

　　C. 社会资金平均利润率　　　　　　　D. 加权平均资本成本率

13.有一项年金，前3年无流入，后5年每年年初流入500万元，假设年利率为10%，则其现值为（　　　）万元。

　　A.1 423.21　　　　B.1 566.45　　　　C.1 813.48　　　　D.1 994.59

14.在利息率和现值相同的情况下，若计息期为1期，则复利终值和单利终值的关系为（　　　）。

　　A.前者大于后者　　B.不相等　　　　C.后者大于前者　　D.相等

15.若使复利终值经过4年后变为本金的2倍，每半年计息一次，则年利率应为（　　　）。

　　A.18.10%　　　　B.18.92%　　　　C.37.84%　　　　D.9.05%

16.某人退休时有现金10万元，拟选择一项回报比较稳定的投资，希望每个季度能够收入2 000元补贴生活。那么，该项投资的实际报酬率应为（　　　）。

　　A.2%　　　　　　B.8%　　　　　　C.8.24%　　　　　D.10.04%

四、多项选择题

1.资金时间价值一般可以用（　　　）指标来表示。

　　A.利息　　　　　B.利息率　　　　　C.本金　　　　　　D.本利和

2.利息的计算制度有（　　　）。

　　A.单利计息　　　B.复利计息　　　　C.现值　　　　　　D.终值

3.按照年金发生的时间和次数可将其分为（　　　）。

　　A.普通年金　　　B.预付年金　　　　C.递延年金　　　　D.永久年金

4.发生于每期期初的年金，称之为（　　　）。

　　A.普通年金　　　B.先付年金　　　　C.预付年金　　　　D.即付年金

5.下列各项属于普通年金现值系数表达式的有（　　　）。

　　A.$\dfrac{(1+i)^n-1}{i}$　　B.$(P/A, i, n)$　　C.$\dfrac{1-(1+i)^{-n}}{i}$　　D.$(F/A, i, n)$

6.对于资金时间价值来说，下列各项表述正确的有（　　　）。

　　A.资金时间价值不可能由时间创造，而只能由劳动创造

　　B.资金时间价值是对投资者推迟消费的耐心而给予的回报

　　C.资金时间价值的相对数是扣除风险报酬和通货膨胀贴水后的平均资金利润率

　　D.只有将货币作为资金投入到生产经营中，才能产生时间价值

7.下列各项表述正确的有（　　　）。

　　A.资金时间价值是时间的产物

　　B.资金时间价值与利率是一样的

　　C.资金时间价值通常应按复利方式计算

　　D.一般情况下，如果通货膨胀率极低，那么政府债券利率可以视同资金时间价值

8.下列各项属于预付年金终值系数表达式的有（　　　）。

　　A.$\dfrac{(1+i)^{n+1}-1}{i}-1$　　　　　　　B.$(F/A, i, n+1)-1$

C. $\left[\dfrac{(1+i)^n-1}{i}\right] \cdot (1+i)$　　　　　D. $(F/A, i, n) \cdot (1+i)$

9.发生于第一期以后若干期的年金，可称之为（　　）。

A.递延年金　　　　B.延期年金　　　　C.普通年金　　　　D.预付年金

10.某项目从现在开始投资，2年内没有回报，从第3年开始每年年末的获利额为A，获利年限为5年，则该项目利润的现值为（　　）。

A.A × (P/A, i, 5) × (P/F, i, 3)

B.A × (P/A, i, 5) × (P/F, i, 2)

C.A × (P/A, i, 7) – A × (P/A, i, 2)

D.A × (P/A, i, 7) – A × (P/A, i, 3)

11.某公司拟购置一处房产，付款条件为：从第4年开始，每年年初支付10万元，连续支付10次，共100万元。假设该公司的资金成本率为10%，则相当于该公司现在一次性付款的金额为（　　）万元。

A.10 × [(P/A, 10%, 12) – (P/A, 10%, 2)]

B.10 × (P/A, 10%, 10) × (P/F, 10%, 2)

C.10 × [(P/A, 10%, 13) – (P/A, 10%, 3)]

D.10 × (P/A, 10%, 13) × (P/F, 10%, 3)

12.影响资金时间价值大小的因素主要包括（　　）。

A.利率　　　　　　B.计息方式　　　　C.资金额　　　　　D.期限

13.下列各项系数中，互为倒数的有（　　）。

A.复利终值系数和复利现值系数

B.普通年金现值系数和资本回收系数

C.普通年金终值系数和偿债基金系数

D.普通年金终值系数和普通年金现值系数

14.年金的特征包括（　　）。

A.收入或支付款项的金额相等

B.收入或支付款项的间隔期相等

C.收入或支付款项的间隔期一定为1年

D.收入或支付款项的时间是在每一期期初

15.某人每年年末存款10 000元，求第10年年末价值总额，一般情况下应用（　　）来进行计算。

A.复利现值系数　　　　　　　　　B.普通年金终值系数

C.资金额　　　　　　　　　　　　D.复利终值系数

五、判断题

1.资金时间价值的真正来源是资金使用者向资金提供者付出的使用成本。（　　）

2.资金时间价值的实质是没有风险和通货膨胀条件下的社会平均资金利润率。（　　）

3.资金的时间价值是时间创造的，因此，所有的资金都有时间价值。（　　）

4.单利就是不仅对本金计算利息，而且对前期产生的利息也要再计算利息的方法。 （ ）

5.在终值和利率相同的情况下，1年复利现值小于1年单利现值。 （ ）

6.在现实经济生活中，大多采用复利计息的方式。 （ ）

7.年金发生的金额必须相等，但发生的间隔时间可以不相等。 （ ）

8.递延年金的现值和递延期无关，和年金发生的期数正相关。 （ ）

9.银行存本取息业务就是永久年金的典型例子。存入的本金即为永久年金的现值，每期取出的金额相等且没有结束日期的利息即为永久年金。 （ ）

10.复利终值与现值成正比，与计息期和利率成反比。 （ ）

11.永续年金现值是年金数额与贴现率的倒数之积。 （ ）

12.如果一笔款项的发生额不相等，那么该款项系列就不能称为年金。 （ ）

六、业务题

1.ABC公司存入银行123 600元资金，准备7年后用这笔款项的本利和购买一台设备，当时银行存款利率为复利10%，该设备的预计价格为240 000元。

要求：计算说明7年后能否用这笔款项的本利和购买该设备。

2.某人现在准备存入银行一笔钱，以便在日后的20年中，每年年末得到3 000元，假设银行存款利率为10%。

要求：计算此人现在应存入的金额。

3.某人于每年年初存入银行50万元，银行存款利率为9%。

要求：计算第10年年末的本利和。

4.时代公司需要一台设备，如果购买，买价为 1 600 万元，可用 10 年；如果租用，则每年年初需付租金 200 万元。假设其他情况相同，利率为 6%。

要求：作出购买或租用的决策。

5.某企业向银行借入一笔款项，银行贷款利率为 10%，每年复利一次。银行规定，前 10 年不用还本付息，第 11 年至第 20 年每年年末偿还本息 5 000 元。

要求：计算这笔借款的现值。

6.A 公司因投资需要向银行借入一笔款项，预计 10 年后还本付息总额为 100 000 元。为如期归还该借款，A 公司拟在各年提取相等数额的偿债基金。假定银行借款利率为 8%。

要求：

（1）计算 A 公司每年年末提取的基金数额。

（2）计算 A 公司每年年初提取的基金数额。

7.B 企业购入一套设备，付款条件为：前 5 年不用支付任何款项，第 6 年至第 15 年每年年末支付 50 000 元。假定市场利率为 10%。

要求：

（1）计算购买该设备相当于现在一次性付款的金额。

（2）如果B企业于第6年至第15年每年年初付款，则该设备的现值应为多少？

8.C债券的年利率为12%，每季度复利一次。
要求：
（1）计算C债券的实际利率。

（2）如果D债券每半年复利一次，且与C债券的实际利率相同，则计算其名义利率。

任务二　投资风险价值

一、名词解释

1.期望收益

2.标准离差

3.风险报酬率

二、思考题

1.风险的特征有哪些?

2.引起经营风险的因素有哪些?

三、单项选择题

1.企业生产过程中由于原材料、人力资源成本上涨,市场竞争对手日益增多以及经营管理不善所带来的收益下降的风险是 (　　)。

A.市场风险　　　　B.经营风险　　　　C.财务风险　　　　D.价格风险

2.投资者愿冒风险进行投资的诱因是 (　　)。

A.可获得报酬

B.可获得利润

C.可获得相当于资金时间价值的报酬率

D.可获得风险报酬

3.甲、乙、丙、丁四个项目的收益期望值均为50万元,其标准离差分别为55万元、35万元、20万元和10万元,则其中风险最大的项目是 (　　)。

A.甲　　　　　　　B.乙　　　　　　　C.丙　　　　　　　D.丁

4.某投资项目甲方案,其投资额为100万元。假设甲方案年盈利30万元的概率为0.6,年亏损10万元的概率为0.4,则甲方案的期望收益和标准离差分别为 (　　)万元。

A.16和24.2　　　B.18和25.3　　　C.14和19.6　　　D.14和16

5.某财经电视节目每晚会公布由100家券商预测的股市行情。假设某日的预测结果为大盘上涨的概率为60%,下跌的概率为30%,持平的概率为10%,则这种概率属于 (　　)。

A.主观概率　　　B.客观概率　　　C.非连续概率　　　D.连续概率

6.两个投资项目甲方案和乙方案,其投资额均为100万元。如果甲方案年盈利30万元的概率为0.6,年亏损10万元的概率为0.4;乙方案年盈利40万元的概率为0.6,年亏损25万元的概率为0.4,甲、乙方案的收益期望值均为14万元,那么 (　　)。

A.甲方案的风险大于乙方案　　　　B.乙方案的风险大于甲方案

C.甲、乙方案风险相同　　　　　　D.无法判断甲、乙方案的风险大小

7.甲项目的投资额为100万元。假设该项目年盈利30万元的概率为0.6，年亏损10万元的概率为0.4，则甲项目的标准离差和标准离差率分别为（　　）。

　　A.19.6万元和140%　　　　　　　　B.18万元和25.3%

　　C.14万元和89.35%　　　　　　　　D.14万元和16%

8.为比较期望报酬率不同的两个或两个以上方案的风险程度，采用的标准是（　　）。

　　A.标准离差　　　　B.标准离差率　　　　C.概率　　　　　　D.风险报酬率

9.吸引投资者进行风险投资的动因是（　　）。

　　A.刺激

　　B.比银行存款更高的收益

　　C.可获得相当于社会平均收益率水平的收益

　　D.可获得风险收益

10.下列关于风险和报酬的表述中，正确的是（　　）。

　　A.风险越大的项目，其报酬一定越大

　　B.风险越小的项目，其报酬一定越小

　　C.通常情况下，风险报酬和风险程度应该成正比

　　D.通常情况下，风险报酬和风险程度应该成反比

11."重赏之下，必有勇夫"这句话表明了（　　）。

　　A.风险与风险报酬之间的非相关关系

　　B.风险与风险报酬之间的正相关关系

　　C.风险与风险报酬之间的负相关关系

　　D.风险与报酬是同比例变动的

12.风险程度相同的两个投资项目，其风险报酬不一定相同，这是因为（　　）。

　　A.它们的无风险报酬率不同　　　　B.它们的通货膨胀率不同

　　C.它们的风险价值系数不同　　　　D.它们的期望收益不同

四、多项选择题

1.风险的特征包括（　　）。

　　A风险是对未来事项而言的　　　　B.风险不可以计量

　　C.风险具有价值　　　　　　　　　D.风险是可以计量的

2.下列各项可以视为风险项目的有（　　）。

　　A.投资期货　　　B.投资股票　　　C.投资公司债券　　D.购买国库券

3.下列各项说法中，正确的有（　　）。

　　A.风险越大，获得的风险报酬应该越高

　　B.有风险就会有损失，两者是相伴而生的

　　C.风险是无法预计和控制的，其概率也不可预测

　　D.由于举债给企业带来的风险属于财务风险

4.下列各项可以用来判断风险大小的指标有（　　）。

　　A.概率　　　　　　　B.收益期望值　　　　C.标准离差　　　　D.标准离差率

5.概率分布的类型有（　　　）。

　　A.连续分布　　　　　B.线性分布　　　　　C.离散分布　　　　D.非线性分布

6.甲、乙、丙三个项目的标准离差分别为55万元、35万元和10万元。下列关于风险大小的说法中，正确的有（　　　）。

　　A.甲方案风险最大

　　B.丙方案风险最小

　　C.无法直接根据标准离差来判断风险的大小

　　D.需要计算标准离差率才能判断风险的大小

7.若甲方案的期望收益高于乙方案的期望收益，且甲方案的标准离差小于乙方案的标准离差，则下列各项表述中，不正确的有（　　　）。

　　A.甲方案的风险小、收益高，应该选择甲方案

　　B.乙方案的风险小、收益高，应该选择乙方案

　　C.甲方案的风险与乙方案的风险相同

　　D.难以确定，因为预期值不同，需要进一步计算标准离差率

8.下列关于衡量投资方案风险的表述中，正确的有（　　　）。

　　A.预期报酬率的概率分布越窄，投资风险越小

　　B.预期报酬率的概率分布越窄，投资风险越大

　　C.预期报酬率的标准差越大，投资风险越大

　　D.预期报酬率的标准离差率越大，投资风险越大

9.投资者愿冒风险进行投资所获得的超过资金时间价值的那部分额外报酬就是（　　　）。

　　A.超额利润　　　　　B.风险报酬　　　　　C.风险价值　　　　D.风险价值系数

10.投资的风险价值的表现形式有（　　　）。

　　A.标准离差　　　　　B.标准离差率　　　　C.风险报酬额　　　D.风险报酬率

11.影响风险报酬的因素有（　　　）。

　　A.无风险报酬　　　　B.标准离差率　　　　C.风险价值系数　　D.标准离差

五、判断题

1.投资者大多是厌恶风险的，诱使投资者进行风险投资的是超过资金时间价值的那部分额外报酬——风险报酬。　　　　　　　　　　　　　　　　　　　　（　　　）

2.风险会抵销投资收益，因此，风险越大的项目，投资者要求的报酬就越低。（　　　）

3.风险是针对未来事项而言的，已经发生的事件其结果是确定的，因此是不存在风险的。　　　　　　　　　　　　　　　　　　　　　　　　　　　　　　　（　　　）

4.我们常说风险是变化莫测的，这也说明风险的一个特征，即风险是不可以计量的。　　　　　　　　　　　　　　　　　　　　　　　　　　　　　　　　（　　　）

5.风险投资既可能带来超出预期的损失，也可能带来超出预期的收益。（　　　）

6.肯定的10 000元收益的价值大于不肯定的10 000元收益的价值。（　　　）

7.标准离差是概率分布中可能结果对期望值的偏离程度。标准离差越大，则风险越小；标准离差越小，则风险越大。　　　　　　　　　　　　　　　　（　　）

8.甲、乙方案的收益期望值不相等，其标准离差分别为40万元和20万元，则可以推定甲方案的风险高于乙方案。　　　　　　　　　　　　　　　　　　　　（　　）

9.两个方案对比时，标准离差率越大，说明风险越大；同样地，标准离差越大，说明风险也一定越大。　　　　　　　　　　　　　　　　　　　　　　　　（　　）

10.如果两种证券预期报酬率的标准差相同，而其期望值不同，则这两个项目的风险不同。　　　　　　　　　　　　　　　　　　　　　　　　　　　　　　　（　　）

11.在风险与报酬关系图中，风险报酬率线应平行于横轴风险程度。　　　　（　　）

12.风险价值系数是将标准离差率转化为风险报酬率的一种系数。　　　　（　　）

13.在不考虑通货膨胀的情况下，资金时间价值为10%。假设某项投资的期望报酬率为15%，在不考虑通货膨胀的情况下，则该项投资的风险报酬率为5%。　（　　）

14.风险价值系数取决于投资者的风险回避态度，如果他愿意冒险，那么风险价值系数就小。　　　　　　　　　　　　　　　　　　　　　　　　　　　　（　　）

六、业务题

1.某企业有甲、乙两个投资项目，两个投资项目的收益率基期概率分布情况见表2-1。

表2-1　　　　　　　　　两个投资项目的收益率基期概率分布情况表

项目实施情况	该种情况出现的概率		投资收益率	
	甲项目	乙项目	甲项目	乙项目
好	0.2	0.3	15%	20%
一般	0.6	0.4	10%	15%
差	0.2	0.3	0	-10%

要求：计算甲、乙项目的期望投资收益率、标准离差和标准离差率，并判断两个投资项目的风险大小。

2.某公司拟投资H项目，投资额1 000万元，预计年投资收益在市场景气的情况下为200万元，在市场不景气的情况下为50万元。预计市场景气的概率为0.7，市场不景气的概率为0.3。

要求：

（1）计算 H 项目的标准离差和标准离差率。

（2）如果 J 项目的标准离差为 160 万元，标准离差率为 40%，比较 H 项目和 J 项目的风险程度。

3.某公司拟投资 H 项目，投资额为 1 000 万元，预计年投资收益在市场景气的情况下为 220 万元，在市场不景气的情况下为 60 万元。预计市场景气的概率为 0.7，市场不景气的概率为 0.3。

要求：

（1）计算 H 项目的标准离差和标准离差率。

（2）如果没有通货膨胀条件下的国库券利率为 5%，该公司的风险价值系数为 10%，那么根据风险程度计算该项目的必要收益率。

4.假设你是一家公司的财务经理，准备进行对外投资，现有三家公司可供选择，相关资料见表2-2。

表2-2 三家可供选择公司资料表

市场状况	概 率	投资报酬率		
		A公司	B公司	C公司
繁荣	0.3	40%	50%	60%
一般	0.5	20%	20%	20%
萧条	0.2	0	−15%	−30%

假设 A 公司风险报酬系数为 8%，B 公司风险报酬系数为 9%，C 公司风险报酬系数为 10%，无风险报酬率为 4%。

要求：作为一名稳健的投资者，请通过计算作出投资决策。

案例与实训

一、案例分析

张华是一位谨慎的投资者，他的好朋友李闻则正好相反。某日，李闻根据自己的判断，觉得股市已经触底，很快就会反弹，当下是绝好的投资时机，他大胆地将 10 万元投入股市，并劝张华也不要错过这个极好的机会。但股市的连续下跌已使得张华胆战心惊，他担心股市会进一步下挫，迟迟没有投资。1 年后，当李闻盘点自己股票盈利的时候，张华后悔自己错过了低吸的最佳时机。

根据上述资料，分析讨论以下问题：

（1）你认为张华和李闻各属于什么类型的投资者？对风险的态度有何不同？

（2）股票市场的风险表现在哪些方面？为何说股票投资的风险大于债券投资？

（3）虽然有过投资损失的经历，为何仍有众多的投资者还在进行股票投资？

二、实训项目

1.项目名称：资金时间价值。

2.实训目的：

（1）了解资金时间价值的含义；

（2）运用资金时间价值的原理；

（3）掌握资金时间价值的计量方法。

3.实训场景：实际储蓄环境。

4.实训指导：

（1）张伟 6 年后上大学，估计需要学杂费 100 000 元，他的父母从现在起准备为其建立专项存款。

（2）了解银行有哪些储蓄或投资品种可以实现张伟父母的目标，其收益水平、流动性、风险程度有何差异？你认为张伟父母最关注的是哪个方面？

（3）如果张伟父母选择了零存整取的方式，银行复利率为 3%，那么每年年末存入银行多少款项，才能实现他们的心愿？

（4）如果整存整取的复利率为 4%，那么现在一次性存入银行多少款项，才能实现他们的心愿？

5.实训报告：

实训后应完成实训报告，具体内容包括：通过了解金融产品，分析可以选择的储蓄或投资类型有哪些？不同类型的储蓄或投资的结果有何区别？影响这些结果的因素有哪些？通过实训你有哪些收获？

项目三

筹资管理

任务一   筹资概述

一、名词解释

1.销售百分比法

2.筹资渠道

3.筹资方式

二、思考题

1.企业有哪些筹资渠道?

2.辨析筹资渠道与筹资方式的关系。

三、单项选择题

1.根据所筹资金性质的不同,可将筹资划分为(   )。
   A.直接筹资和间接筹资   B.权益筹资和负债筹资
   C.内源筹资和外源筹资   D.短期筹资和长期筹资

2.下列各项中，能够引起企业权益资金增加的筹资方式是（   ）。

    A.吸收直接投资   B.发行公司债券

    C.利用商业信用   D.银行长期借款

3.下列筹资方式中，适用于非股份制企业筹集权益资金的是（   ）。

    A.发行股票   B.吸收直接投资

    C.租赁筹资   D.商业信用

4.采用销售百分比法预测资金需要量时，下列随销售变动而变动的负债项目是（   ）。

    A.长期借款   B.公司债券   C.应付账款   D.短期借款

5.某企业2022年的销售额为2 000万元，销售净利率为6%，股利支付率为40%，则留存收益为（   ）万元。

    A.80   B.75   C.72   D.70

6.某企业2022年的销售额为1 500万元，销售净利率为5%，预计2023年的销售额将增长10%，并且保持2022年的盈利水平，则净利润增加额为（   ）万元。

    A.8.5   B.7.5   C.6.5   D.5.5

四、多项选择题

1.下列属于长期资金筹集方式的有（   ）。

    A.吸收直接投资   B.发行股票   C.租赁筹资   D.商业信用

2.下列属于权益资金筹集方式的有（   ）。

    A.租赁筹资   B.发行债券   C.留存收益   D.发行股票

3.下列属于外部资金筹集方式的有（   ）。

    A.商业信用   B.发行债券   C.留存收益   D.发行股票

4.下列各项中，属于企业筹资管理应当遵循的原则的有（   ）。

    A.筹措及时   B.来源合理   C.规模适当   D.方式经济

5.下列属于直接筹资方式的有（   ）。

    A.银行借款   B.发行股票   C.发行债券   D.留存收益

6.下列属于间接筹资方式的有（   ）。

    A.商业信用   B.银行借款   C.发行债券   D.租赁筹资

五、判断题

1.利用销售百分比法预测资金需要量时，货币资金、应收账款、存货等流动资产一般随销售的变动而同比例变动，为敏感资产项目。（   ）

2.根据资金习性的不同，可以将资金划分为固定资金和变动资金。（   ）

3.变动资金是指在一定的产销量范围内，随产销量的变动而变动的那部分资金。（   ）

4.运用高低点法预测资金需要量时，高点指的是最高资金占用期所对应的收入点。（   ）

5. 当企业采用销售百分比法预测的外部融资需求量为负值时，说明企业不但不需要外部融资，而且资金尚有剩余。（   ）

6. 吸收直接投资、发行股票等方式筹集的资金为权益资金，利用留存收益、商业信用、银行借款、发行债券等方式筹集的资金为负债资金。（   ）

六、业务题

1. 某企业基期简化的资产负债表见表3-1，基期销售收入为600万元，销售净利率为8%，股利支付率为80%。计划期预计销售收入将增长10%，基期固定资产仍可以满足销售增长的需要，假设销售净利率和股利支付率仍保持上年水平。计划期预计提取折旧100万元，其中65%用于设备更新，零星支出需要资金50万元。

表3-1   资产负债表（简表）   单位：万元

资　产	金　额	负债和所有者权益	金　额
库存现金	90	短期借款	66
应收账款	90	应付账款	66
存货	120	应交税费	84
固定资产	210	长期借款	144
无形资产	90	留存收益	240
合　计	600	合　计	600

要求：利用销售百分比法预测该企业计划期的外部融资额。

2. 某企业产销量与资金需要量的相关资料见表3-2。预计2023年的产量为150万件。

表3-2   产销量与资金需要量相关资料表

项　目＼年　度	2018	2019	2020	2021	2022
产量（万件）	110	100	120	130	140
资金需要量（万元）	95	90	100	110	120

要求：利用高低点法预计2023年的资金需要量。

3.某公司2018—2022年的销售量及资金需要量资料见表3-3。预计2023年的销售量为100万件。

表3-3　　　　　　　　　　　销售量及资金需要量资料表

年　份	销售量（万件）	资金需要量（万元）
2018	40	1 200
2019	30	1 350
2020	20	1 100
2021	50	2 000
2022	80	2 700

要求：采用回归分析法预测该公司2023年的资金需要量。

任务二　权益资金筹集

一、名词解释

1.吸收直接投资

2.普通股

3.战略投资者

二、思考题

1.吸收直接投资的优缺点有哪些?

2.战略投资者的资质与要求有哪些?

三、单项选择题

1.吸收直接投资有利于降低财务风险,其原因是（　　　）。
 A.主要来源于国家投资
 B.可根据企业经营状况决定向投资者支付报酬
 C.投资者承担无限风险
 D.主要是用现金投资

2.相对于普通股而言,优先股股东所拥有的优先权是（　　　）。
 A.优先表决权　　　　　　　　B.优先查账权
 C.优先认股权　　　　　　　　D.优先分配股利权

3.下列各项中,属于普通股股东所享有的一项权利的是（　　　）。
 A.优先分配剩余财产权　　　　B.优先分配股利权
 C.优先认股权　　　　　　　　D.优先转让股份权

4.下列各项中,属于吸收直接投资优点的是（　　　）。
 A.有利于增强企业信誉　　　　B.不易分散企业控股权
 C.财务风险较高　　　　　　　D.资本成本高

5.下列各项中,属于普通股和优先股筹资方式共有的缺点的是（　　　）。
 A.财务风险大　　　　　　　　B.筹资成本高
 C.容易分散控制权　　　　　　D.筹资限制多

6.下列各项中,属于公开间接发行股票优点的是（　　　）。
 A.发行范围广　　　B.发行成本低　　　C.变现性差　　　　D.流通性弱

四、多项选择题

1.下列各项中,可以为企业筹集权益资金的有（　　　）。
 A.租赁筹资　　　B.发行优先股　　　C.发行普通股　　　D.利用商业信用

2.下列能够分散企业控股权的筹资方式有（　　　）。

A.吸收直接投资　　B.发行普通股　　　　C.发行优先股　　　　D.发行债券

3.普通股筹资的优点有（　　　）。

A.没有固定股利负担　　　　　　　B.没有固定到期日

C.资本成本较低　　　　　　　　　D.财务风险较小

4.股票上市的有利影响包括（　　　）。

A.有助于改善公司财务状况

B.有利于提高公司知名度

C.有利于利用股票市价客观评价企业

D.有利于利用股票激励员工

5.采用吸收直接投资进行筹资，出资人的出资方式主要有（　　　）。

A.现金出资　　　　B.实物出资　　　　C.债权出资　　　　D.知识产权出资

6.对股东比较有利的优先股包括（　　　）。

A.累积优先股　　　B.可转换优先股　　C.参加优先股　　　D.可赎回优先股

五、判断题

1.发行优先股所筹集的资本属于股权资本，其股利必须从税后利润中支付。（　　　）

2.企业留用利润属于企业内部积累的资金，主要包括资本公积和盈余公积。（　　　）

3.吸收直接投资筹资的主要缺点是筹资成本高，易分散控股权。（　　　）

4.发行普通股没有固定的利息负担，因此，其资本成本较低，财务风险较小。（　　　）

5.由于优先股股息具有固定性，因此，优先股筹资也具有一定的财务杠杆作用。（　　　）

6.利用留存收益筹资相对于发行普通股筹资的优点是资本成本低。（　　　）

任务三　债务资金筹集

一、名词解释

1.周转信贷协定

2.补偿性余额

3.商业信用

二、思考题

1.评价短期借款的优缺点。

2.说明长期借款的种类并评价其优缺点。

三、单项选择题

1.公司债券筹资与普通股筹资相比较，下列说法中正确的是（　　）。
    A.公司债券筹资的资本成本相对较高
    B.普通股筹资可以利用财务杠杆作用
    C.公司债券利息可以税前列支
    D.普通股筹资的资本成本相对较低

2.分期付息、到期一次还本的债券，当票面利率大于市场利率时，债券应按（　　）。
    A.面值发行　　　　　　　　　　B.溢价发行
    C.折价发行　　　　　　　　　　D.等价发行

3.下列各项中，不属于商业信用筹资的是（　　）。
    A.预收账款　　　　　　　　　　B.应付账款
    C.应付票据　　　　　　　　　　D.应收账款

4.放弃现金折扣成本的大小与（　　）。
    A.折扣期长短呈同方向变化
    B.折扣百分比大小呈反方向变化
    C.付款期、折扣期长短呈同方向变化
    D.折扣百分比大小和付款期长短均呈同方向变化

5.相对于发行债券和利用银行借款购买设备而言，通过租赁筹资方式取得设备的主要缺点是（　　）。

A.财务风险大   B.筹资速度慢

C.资本成本高   D.限制条款多

6.某企业与银行商定的周转信贷额度为1 000万元，承诺费率为0.5%。假定借款企业年内使用了800万元，则借款企业向银行支付的承诺费金额为（　　　）万元。

A.1   B.3   C.4   D.5

四、多项选择题

1.下列短期借款的利息计算和偿还方式中，企业实际利率高于名义利率的有（　　　）。

A.利随本清法付息   B.贴现法付息

C.加息法付息   D.以上都不是

2.影响租赁筹资每期租金的因素包括（　　　）。

A.设备价款

B.租赁公司购置设备垫付资金所支付的利息

C.租赁手续费

D.租金支付方式

3.影响债券发行价格的因素包括（　　　）。

A.债券面值   B.票面利率   C.市场利率   D.债券期限

4.短期银行借款筹资的优点有（　　　）。

A.财务风险小   B.限制条件少   C.筹资速度快   D.筹资成本低

5.租赁筹资的优点有（　　　）。

A.筹资速度快   B.筹资限制少   C.资本成本低   D.有节税作用

6.租赁筹资的形式有（　　　）。

A.直接租赁   B.售后租回   C.杠杆租赁   D.间接租赁

五、判断题

1.周转信贷协定是指银行具有法律义务地承诺提供不超过某一最高限额的贷款协定。   （　　）

2.补偿性余额的约束有助于降低银行贷款风险，但同时也减少了企业实际可动用的借款额，提高了借款的实际利率。   （　　）

3.商业信用筹资属于直接信用行为，是一种自然性融资，其优点是容易取得，不必负担筹资成本。   （　　）

4.有关现金折扣业务中，"1/20，n/30"是指：若付款方在20天内付款，可以享受10%的价格优惠，若30天需付全价。   （　　）

5.在债券面值和票面利率一定时，市场利率越高，则债券的发行价格越低。   （　　）

6.租赁筹资方式下，租赁期满，设备必须作价转让给承租人。   （　　）

六、业务题

1.某企业从银行取得短期借款500万元，期限为1年，名义利率为8%。

要求：

（1）计算收款法下的实际利率。

（2）计算贴现法下的实际利率及实际借款额。

（3）若银行规定补偿性余额为20%，计算可供企业使用的资金及实际利率。

（4）若银行规定补偿性余额为20%，并按贴现法付息，计算其补偿性余额、贴现法付息额、实际可供使用的资金及实际利率。

2.某企业拟以"2/10，n/40"的信用条件购进一批原料，价值160 000元。

要求：

（1）若购买方在10天内付款，计算折扣额。

（2）若购买方在10天至40天内付款，计算实际付款额。

（3）若银行短期贷款年利率为20%，计算放弃现金折扣的成本，并确定对该企业最有利的付款日期和金额。

3.某公司拟发行一种面值为100元，票面年利率为5%，期限为5年的债券，假设当时市场利率为6%。

要求：计算该债券每年年末付息、到期一次还本时的发行价格。

任务四　混合筹资方式

一、名词解释

1.可转换债券

2.优先股

3.认股权证

二、思考题

1.可转换债券持有人决定行权或弃权的决策依据是什么？

2.优先股有哪些种类？分别具有什么特点？

三、单项选择题

1.某公司发行可转换债券，每张面值为1 000元，转换比率为20，则该可转换债券的转换价格为每股（　　）元。

A.20　　　　　　　　B.50　　　　　　　　C.30　　　　　　　　D.25

2.下列关于可转换债券的表述中，正确的是（　　）。

A.可转换债券的转换权是赋予持有者的一种买入期权

B.可转换债券的赎回条款有利于降低投资者的持券风险

C.可转换债券的转换比率为标的股票市值与转换价格之比

D.可转换债券的回售条款有助于可转换债券顺利转换成股票

3.参与优先股中的"参与"，指的是优先股股东按确定股息率获得股息后，还能按相应规定与普通股股东一起参与（　　）。

A.认购公司增发的新股　　　　　　B.剩余财产清偿分配

C.剩余税后利润分配　　　　　　　D.公司经营决策

4.与普通股筹资相比，下列各项属于优先股筹资优点的是（　　）。

A.有利于降低公司财务风险

B.优先股股息可以抵减所得税

C.有利于减轻公司现金支付的财务压力

D.有利于保障普通股股东的控制权

5.优先股与债券的相同点是（　　）。

A.公司需要向投资者支付固定报酬

B.不需偿还本金

C.没有到期日

D.股利在税后支付

6.下列关于认股权证的表述中，错误的是（　　）。

A.认股权证是一种融资促进工具

B.认股权证有助于改善上市公司的治理结构

C.认股权证有利于推进上市公司的股权激励机制

D.认股权证是一种拥有股权的证券

四、多项选择题

1.下列各项中，属于可转换债券特点的有（　　）。

A.利率低于普通债券，可节约利息支出

B.股价大幅度上扬时，可增加筹资数额

C.可增强筹资灵活性

D.若股价低迷，将面临到期兑付债券本金的压力

2.下列有关可转换债券的表述中，正确的有（　　　）。

　A.赎回可转换债券一般发生在公司股票价格在一段时间内连续低于转股价格达到某一幅度时

　B.回售可转换债券一般发生在公司股票价格在一段时间内连续高于转股价格达到某一幅度时

　C.可转换债券的回售条款对于投资者来说实际上是一种卖权条款

　D.可转换债券的持有人具有在未来按约定价格转换普通股股票的权利

3.下列关于附有提前赎回条款的债券的表述中，正确的有（　　　）。

　A.具有提前赎回条款的债券使企业融资具有较大弹性

　B.当预测年利率下降时，一般应提前赎回债券

　C.赎回价格通常高于债券的面值

　D.赎回价格因到期日的临近而逐渐上升

4.一般而言，与发行普通股相比，发行优先股的特点有（　　　）。

　A.可以降低公司的财务风险

　B.可以增加公司的财务杠杆效应

　C.可以保障普通股股东的控制权

　D.可以降低公司的资本成本

5.下列关于优先股筹资的表述中，正确的有（　　　）。

　A.优先股筹资有利于调整股权资本的内部结构

　B.优先股筹资兼有债务筹资和股权筹资的某些性质

　C.优先股筹资不利于保障普通股的控制权

　D.优先股筹资可能会给公司带来一定的财务压力

6.下列各项中，属于认股权证筹资特点的有（　　　）。

　A.它是一种促销手段　　　　　　　　B.普通股市价越低，认股权证价值越大

　C.认股权证具有价值　　　　　　　　D.它本身含有期权条款

五、判断题

1.由于可转换债券赋予持有人一种选择权，因此其利率通常低于普通债券。（　　　）

2.某公司发行的可转换债券附有回售条款，当公司股票价格在一段时期内连续高于转股价格达到某一幅度时，债券持有人通常会选择按事先约定的价格将所持债券回售给发行公司。（　　　）

3.某公司当年可分配利润不足以支付优先股全部股息时，其所欠股息在以后年度不予补发，则该优先股属于非累积优先股。（　　　）

4.优先股的优先权体现在剩余财产清偿分配顺序上居于债权人之前。（　　　）

5.认股权证具有实现融资和股票期权激励的双重功能。（　　　）

任务五 资本结构决策分析

一、名词解释

1.资本成本

2.经营杠杆

3.资本结构

二、思考题

1.资本成本的含义和内容是什么？

2.如何理解财务杠杆是一把"双刃剑"？

三、单项选择题

1.在个别资本成本的计算中，不必考虑筹资费用影响因素的是（   ）。

　A.长期借款成本　　B.债券成本　　　　C.留存收益成本　　　D.普通股成本

2.一般情况下，下列筹资方式中资本成本最低的是（   ）。

A.发行股票　　　　B.长期借款　　　　C.发行债券　　　　D.留存收益

3.当财务杠杆系数为1时，下列各项表述中正确的是（　　　）。

A.息税前利润增长率为零　　　　　　B.息税前利润为零

C.利息与优先股股息为零　　　　　　D.固定成本为零

4.假设目前的国库券收益率为12%，市场投资组合收益率为18%，而某股票的β系数为1.3，则该股票的资本成本为（　　　）。

A.19.8%　　　　B.19.5%　　　　C.18%　　　　D.12%

5.财务杠杆存在的根源是（　　　）。

A.固定经营成本　　　　　　　　B.固定性资本成本

C.变动成本　　　　　　　　　　D.所有者权益

6.某公司经营杠杆系数为2，财务杠杆系数为1.2，则该公司销售额每增加1倍，就会引起每股收益增长（　　　）倍。

A.0.8　　　　B.1.2　　　　C.2　　　　D.2.4

7.某企业经营杠杆系数为2，预计息税前利润将增长10%，在其他条件不变的情况下，销售量将增长（　　　）。

A.5%　　　　B.10%　　　　C.15%　　　　D.20%

8.最佳资本结构是指企业在一定条件下的（　　　）。

A.企业价值最大的资本结构

B.企业目标资本结构

C.加权平均资本成本最低的目标资本结构

D.加权平均资本成本最低、企业价值最大的资本结构

四、多项选择题

1.下列各项中，属于筹资费用的有（　　　）。

A.银行借款利息　　　　　　　　B.银行借款手续费

C.债券发行费　　　　　　　　　D.股票发行费

2.计算债券资本成本时，需要考虑的因素有（　　　）。

A.所得税税率　　　　　　　　　B.债券发行价格

C.债券面值　　　　　　　　　　D.票面利率及发行费率

3.下列各项中，影响经营杠杆系数的因素有（　　　）。

A.产销量　　　　B.销售单价　　　　C.单位变动成本　　　　D.固定成本

4.筹资决策过程中，复合杠杆具有的性质包括（　　　）。

A.复合杠杆系数越大，企业财务风险越大

B.复合杠杆能够起到财务杠杆和经营杠杆的综合作用

C.复合杠杆能够估计出销售变动对每股收益变动的影响

D.复合杠杆系数越大，企业经营风险越大

5.下列各项表达式正确的有（　　　）。

A.息税前利润＝边际贡献－固定成本

B. 息税前利润 = 销售量 × 单位边际贡献 − 固定成本

C. 息税前利润 = 边际贡献 + 固定成本

D. 息税前利润 = 销售收入 − 变动成本 − 固定成本

6. 下列关于经营杠杆系数的说法中，正确的有（　　　　）。

A. 经营杠杆系数越大，企业经营风险越大

B. 经营杠杆系数越小，企业经营风险越大

C. 反映了产销量变动对息税前利润的影响

D. 即基期边际贡献与基期息税前利润的比率

7. 在（　　　）的情况下，企业会倾向于债务筹资。

A. 企业以技术研究为主　　　　　　　B. 企业销售稳定

C. 决策者喜好风险　　　　　　　　　D. 所得税税率提高

五、判断题

1. 资本成本是指企业为筹资而付出的代价，包括筹资费用和用资费用两部分。（　　）

2. 股票发行费、银行借款利息、债券利息均属于筹资费用。（　　）

3. 企业全部资本中，权益资本与债务资本各占50%，则企业只存在经营风险。（　　）

4. 在各种资金来源中，凡是须支付固定性资本成本的资金都能产生财务杠杆作用。（　　）

5. 发行股票筹资，既能为企业带来杠杆利益，又具有抵税效应，所以，企业在筹资时应优先考虑发行股票。（　　）

6. 如果企业的全部资本来源于普通股权益资本，则其复合杠杆系数与经营杠杆系数相等。（　　）

7. 最佳资本结构是使企业筹资能力最强、财务风险最小的资本结构。（　　）

8. 采用每股收益无差别点法进行资本结构决策的标准是每股收益越大，筹资方案越优。（　　）

六、业务题

1. 某企业拟筹资200万元，其中，向银行借款50万元，年利率6%，借款手续费率1%；发行债券面值40万元，发行价格50万元，年利率8%，发行费用为发行总额的2%；发行普通股25万股，每股面值1元，发行价格为每股4元，预计下一年股利为每股0.2元，今后将每年固定增长3%，发行费用为筹资总额的2%。假设该企业适用的所得税税率为25%。

要求：

（1）计算每种筹资方式的资本成本。

（2）计算加权平均资本成本。

2.某公司2022年销售产品50万件，单价50元/件，单位变动成本为30元，固定成本总额为600万元。该公司负债60万元，年利率为12%，并需每年支付优先股股利10万元。假设该公司适用的所得税税率为25%。

要求：

（1）计算该公司2022年边际贡献。

（2）计算该公司2022年息税前利润总额。

（3）计算该公司经营杠杆系数、财务杠杆系数、总杠杆系数。

3.某公司现有普通股100万股，股本总额1 000万元，公司债券600万元，年利率为10%。该公司拟扩大筹资规模再追加筹资750万元，现有两个备选方案可供选择：一是增发普通股50万股，每股价格为15元；二是平价发行公司债券750万元，债券年利率为12%。假设该公司适用的所得税税率为25%。

要求：

（1）计算两种筹资方式的每股收益无差别点。

（2）如果该公司预期息税前利润为300万元，对两种筹资方案作出择优决策。

4.某企业只生产和销售甲产品，其总成本模型为 $y = 20\,000 + 4x$。假定该企业2021年甲产品的销售量为 10 000 件，每件售价为 8 元；按市场预测 2022 年甲产品的销售量将增长 12%。

要求：

（1）计算2021年边际贡献总额。

（2）计算2021年息税前利润。

（3）计算销售量为 10 000 件时的经营杠杆系数。

（4）计算2022年息税前利润增长率。

案例与实训

一、案例分析

天宏公司是一家经营电子产品的合资企业，由于该企业始终重视开拓新的市场并保持良好的资本结构，在经过多年的打拼之后，终于在市场上站稳了脚跟。为了进一步扩大规模，应对激烈的市场竞争，降低经营风险，天宏公司准备在深圳建立一家全资子公司，转产机电设备以调整产业结构。

该公司目前资本总额 5 000 万元，其中，债务资本 2 000 万元，平均利率 10%；普通股 3 000 万股，每股面值 1 元，预计当年能实现息税前利润 2 100 万元。建立该全资子公司需要新筹资 3 000 万元，预计投产后会为公司增加销售收入 1 500 万元，变动成本 600 万元，固定成本 500 万元。天宏公司适用的所得税税率为 25%，不享受减免税优惠。该项资金有以下三种筹资方式可供选择：

方案一：发行利率为12%的债券；

方案二：发行股利率为14%的优先股；

方案三：按每股30元价格发行普通股。

根据上述资料，分析天宏公司应选择哪一种筹资方式？为什么？

二、实训项目

1.项目名称：资本结构决策。

2.实训目的：

（1）了解资本结构的含义；

（2）应用资本结构的基本原理；

（3）掌握资本结构的决策方法。

3.实训场景：模拟或实际的企业决策环境。

4.实训指导：

（1）假定你所在的企业需要筹集1 000万元资金。

（2）观察资本市场，分析可供选择的筹资组合方案。

（3）分析影响备选筹资方案资本成本的因素。

（4）确定1 000万元资金的最佳筹资方案。

（5）保证所选方案能使企业资本结构最优。

5.实训报告：

实训后应完成实训报告，具体内容包括：通过对资本市场的观察，你所了解的筹资方案有哪些？你选择某种筹资方案的理由是什么？分析影响这些筹资方案资本成本的因素有哪些？哪些是有利因素，哪些是不利因素？你是如何保证企业资本结构达到最优的？通过实训你有哪些收获？

项目四

项目投资管理

任务一　项目投资概述

一、名词解释

1.投资

2.生产性投资

3.间接投资

二、思考题

1.什么是投资？投资该如何分类？

2.项目投资的特点有哪些？

三、单项选择题

1.某公司新建厂房需要一块土地，这块土地是公司在几年前以50万元的价格购入的，目前的市价为80万元。下列说法中正确的是（　　　　）。

A.新建厂房的机会成本为50万元　　　　B.新建厂房的机会成本为80万元

　　C.新建厂房的机会成本为30万元　　　　D.新建厂房的沉没成本为130万元

　　2.某公司2019年拟投资一个新项目，支付专家论证费2万元，但最终由于经费原因该项目被搁置。2022年，该项目拟重新执行，则已发生的论证费应属于（　　）。

　　A.相关成本　　　　　B.重置成本　　　　　C.沉没成本　　　　　D.特定成本

　　3.某企业2022年投资2 000万元购买一条生产线，用来生产新开发的A产品，则这项投资属于（　　）。

　　A.战术性投资　　　B.战略性投资　　　　C.间接投资　　　　　D.非生产性投资

　　4.下列各项属于项目投资特点的是（　　）。

　　A.使用寿命1年以下　　　　　　　　B.投资风险大

　　C.流动性强　　　　　　　　　　　　D.实物形态易变

　　5.下列各项属于非相关成本的是（　　）。

　　A.专属成本　　　　　B.共同成本　　　　　C.差额成本　　　　　D.可避免成本

四、多项选择题

　　1.下列有关投资的表述中，正确的有（　　）。

　　A.企业投资是取得利润的基本条件

　　B.企业投资是降低风险的重要方法

　　C.企业投资是扩大再生产的必要条件

　　D.企业投资是为了在将来取得收益

　　2.下列各项属于项目投资决策的相关成本的有（　　）。

　　A.机会成本　　　　　B.重置成本　　　　　C.沉没成本　　　　　D.付现成本

　　3.项目投资的程序主要包括（　　）。

　　A.项目提出　　　　　B.项目评价　　　　　C.项目决策　　　　　D.项目执行

　　4.下列各项属于生产性投资的内容的有（　　）。

　　A.新建办公楼　　　B.购买机器设备　　　C.购买原材料　　　　D.购买专利权

五、判断题

　　1.甲企业向乙企业出资500万元，协议约定甲企业的持股比例为5%，这项投资属于战术性投资。　　　　　　　　　　　　　　　　　　　　　　　　　　　　　　（　　）

　　2.直接投资是指将资金投放于证券等金融资产上，以取得股利或利息收入的投资。　　　　　　　　　　　　　　　　　　　　　　　　　　　　　　　　　　　（　　）

　　3.对内投资都是直接投资，对外投资既包括直接投资，也包括间接投资。　（　　）

　　4.投资影响时间比较短是项目投资的特点之一。　　　　　　　　　　　　（　　）

　　5.汽车生产厂的钢材和轮胎的投资属于相关性投资。　　　　　　　　　　（　　）

任务二　现金流量估算

一、名词解释

1.现金流量

2.现金净流量

3.项目计算期

二、思考题

1.现金流量估算有哪些基本假设？

2.项目的现金流出量包括哪些内容？

三、单项选择题

1.财务管理中，企业为使项目完全达到设计生产能力，开展正常经营而投入的全部现实资金称为（　　）。

A.固定资产投资　　B.现金流量　　　　C.建设投资　　　　D.原始投资

2.下列各项不属于终结点现金流量范畴的是（   ）。

    A.无形资产投资   B.固定资产残值收入

    C.垫支流动资金的回收   D.停止使用土地的变价收入

3.下列各项不属于现金流出量的是（   ）。

    A.营业现金支出   B.购买材料、产品

    C.折旧   D.固定资产的修理费

4.项目投资决策中，完整的项目计算期是指（   ）。

    A.建设期   B.经营期

    C.建设期＋试产期   D.建设期＋经营期

5.一般来说，流动资金的回收发生于（   ）。

    A.建设起点   B.投产时点

    C.项目终结点   D.经营期的任一时点

6.所谓现金流量，在投资决策中是指一个项目所引起的企业（   ）。

    A.现金收入量和现金支出量

    B.货币资金收入和货币资金支出的增加量

    C.现金流入和现金流出增加的数量

    D.流动资金的增加量和减少量

7.项目的原始投资包括（   ）和流动资产投资。

    A.建设投资   B.经营成本   C.所得税   D.折旧额

8.若建设期不为零，则建设期内各年的净现金流量可能会（   ）。

    A.等于1   B.大于1   C.小于0   D.等于0

四、多项选择题

1.计算营业现金流量时，不含无形资产摊销的每年营业净现金流量的计算公式有（   ）。

    A.NCF＝每年营业收入－付现成本

    B.NCF＝净利润＋折旧

    C.NCF＝每年营业收入－付现成本－所得税

    D.NCF＝净利润＋折旧－所得税

2.某单纯固定资产投资项目的资金来源为银行借款，按照简化公式计算经营期某年的净现金流量时，需要考虑的因素有（   ）。

    A.该年因使用固定资产新增的净利润

    B.该年因使用固定资产新增的折旧

    C.该年回收的固定资产净残值

    D.该年偿还的相关借款本金

3.下列各项属于现金流量计算的假设的有（   ）。

    A.现销、现购假设

    B.所有现金流量指标均为时期指标

C.影响现金流量的各项指标均为常数

D.所有投资均发生于建设期

4.以某年总成本为基础计算该年经营成本时，应予扣减的有（　　）。

A.该年的折旧 　　　　　　　　　　B.该年的利息支出

C.该年的设备买价 　　　　　　　　D.该年的无形资产摊销

5.完整的工业投资项目的现金流入主要包括（　　）。

A.营业收入 　　　　　　　　　　　B.固定资产变价收入

C.固定资产折旧 　　　　　　　　　D.回收流动资金

6.在建设期不为零的完整工业投资项目中，分次投入的垫支流动资金的实际投资时间可以发生的时点有（　　）。

A.建设起点 　　　B.建设期末 　　　C.试产期内 　　　D.终结点

7.投资项目的建设投资的组成内容包括（　　）。

A.开办费投资 　　　B.无形资产投资 　　　C.流动资产投资 　　　D.固定资产投资

五、判断题

1.某项投资虽然只涉及一个年度，但同时在该年度的年初和年末发生，则该项投资行为从时间特征看属于分次投资。（　　）

2.现金流量是按照收付实现制计算的，而在作出投资决策时，应该以权责发生制计算出的营业利润作为评价项目经济效益的基础。（　　）

3.净利润的计算比现金流量的计算有更大的主观随意性，其作为决策的主要依据不太可靠。（　　）

4.流动资产投资是企业对内投资的组成部分之一。（　　）

5.项目投资中的初始现金流量只包括固定资产上的投资。（　　）

6.投资项目建设期内一般没有现金流入量，所以也不存在净现金流量。（　　）

7.根据时点现金流量假设，在计算现金流量时，可以把营业收入和营业成本看作是在年末发生的。（　　）

六、业务题

1.某投资方案固定资产投资240万元，采用平均年限法计提折旧，使用寿命5年，期末有残值12万元。每年预计实现营业收入120万元，经营成本第1年为50万元，以后逐年增加3万元，另需垫支营运资金30万元，适用的所得税税率为25%。

要求：计算该投资方案各年的现金净流量。

2.某项目原始投资1 000万元，其中，固定资产投资750万元，流动资金投资200万元，其余为无形资产投资，全部投资的来源均为自有资金。该项目建设期为2年，经营期为10年，固定资产投资和无形资产投资分2年平均投入，流动资金投资在项目完工时（第2年年末）投入。固定资产的寿命期为10年，按直线法计提折旧，期满后有50万元的净残值；无形资产从投产年份起分10年摊销完毕；流动资金于终结点一次性收回。

预计该项目投产后，每年发生的相关营业收入和经营成本分别为600万元和200万元，适用的所得税税率为25%。

要求：

（1）计算该项目的下列指标：

① 项目计算期：

② 固定资产原值：

③ 固定资产年折旧额：

④ 无形资产投资额：

⑤ 无形资产年摊销额：

⑥ 经营期每年总成本：

⑦ 经营期每年税前利润：

⑧ 经营期每年税后利润：

（2）计算该项目的下列净现金流量指标：
① 建设期各年的净现金流量：

② 投产后1年至10年每年的经营净现金流量：

③ 项目计算期的期末回收额：

④ 终结点的净现金流量：

任务三　项目投资决策评价指标

一、名词解释

1.投资回收期

2.净现值

3.获利指数

二、思考题

1.投资报酬率指标的优缺点有哪些?

2.当净现值指标的评价结果与获利指数的评价结果不一致时，应如何作出决策？为什么？

三、单项选择题

1.下列各项不属于投资报酬率优点的是（　　　）。

　A.简明　　　　　　　　　　　　　B.易算

C.易懂　　　　　　　　　　　　　　　D.考虑了资金的时间价值

2.企业欲购入一套新设备，需要支付400万元，该设备使用寿命为4年，无残值，采用直线法计提折旧。预计每年可产生税前利润140万元，适用的所得税税率为25%，则回收期为（　　　）年。

A.1.95　　　　　　　B.2.9　　　　　　　C.2.2　　　　　　　D.3.2

3.某项目原始投资120万元，当年完工投产，经营期3年，每年可获得现金净流量56万元，则该项目内含报酬率为（　　　）。

A.16.68%　　　　　B.18.93%　　　　　C.17.68%　　　　　D.19.32%

4.当一个项目投资方案的净现值大于零时，下列各项说法中不正确的是（　　　）。

A.该方案不可投资

B.该方案获利指数大于1

C.该方案经营现金净流量的总现值大于原始投资的现值

D.该方案的内含报酬率大于其资本成本

5.当贴现率为18%时，净现值为−3.17；当贴现率为16%时，净现值为6.12。该项目的内含报酬率为（　　　）。

A.14.68%　　　　　B.16.68%　　　　　C.17.32%　　　　　D.18.32%

6.下列各项投资决策评价指标中，其数值越小越好的是（　　　）。

A.净现值　　　　　B.投资回收期　　　　C.内含报酬率　　　　D.投资报酬率

7.下列各项投资决策评价指标中，属于静态指标的是（　　　）。

A.内含报酬率　　　B.投资报酬率　　　　C.净现值率　　　　　D.净现值

8.下列有关表述中，不正确的是（　　　）。

A.净现值是未来报酬的总现值与原始投资额的现值之差

B.当净现值等于零时，说明此时的贴现率为内含报酬率

C.当净现值大于零时，获利指数小于1

D.当净现值大于零时，说明该投资方案可行

9.包括建设期的静态投资回收期是（　　　）。

A.净现值为零的年限　　　　　　　　　B.现金流量为零的年限

C.获利指数为1的年限　　　　　　　　　D.累计现金净流量为零的年限

10.某企业进行一项固定资产投资，行业平均投资收益率为12%，所计算的净现值指标为正值，无风险收益率为8%。假设不考虑通货膨胀因素，则下列各项表述中正确的是（　　　）。

A.该项目的获利指数小于1　　　　　　B.该项目的内部收益率小于8%

C.该项目的风险收益率大于4%　　　　　D.该项目不应进行投资

11.下列各项指标的计算中，没有直接利用净现金流量指标的是（　　　）。

A.投资报酬率　　　B.内含报酬率　　　　C.投资回收期　　　　D.获利指数

四、多项选择题

1.下列各项指标不能直接反映投资项目的实际收益率水平的有（　　　）。

    A.净现值   B.获利指数

    C.内含报酬率   D.投资报酬率

2.下列各项指标中，属于投资决策动态指标的有（   ）。

    A.净现值   B.内含报酬率

    C.获利指数   D.投资报酬率

3.当一个投资项目的获利指数大于1时，说明（   ）。

    A.该方案可以投资

    B.该方案不可投资

    C.该方案的内含报酬率大于其资本成本

    D.该方案营业现金流量的总现值大于原始投资的现值

4.若NPV＜0，则下列关系式中正确的有（   ）。

    A.NPVR＞0   B.NPVR＜0

    C.PI＜1   D.IRR＜必要报酬率

5.确定一个项目投资方案可行的必要条件有（   ）。

    A.净现值大于零   B.获利指数大于1

    C.内含报酬率较高   D.内含报酬率大于1

6.对于同一个项目投资方案，下列各项说法中正确的有（   ）。

    A.资本成本越高，净现值越低

    B.资本成本越高，净现值越高

    C.资本成本相当于内含报酬率时，净现值为零

    D.资本成本相当于内含报酬率时，净现值小于零

7.投资报酬率指标的主要缺点有（   ）。

    A.计算较为简便，便于理解

    B.没有考虑资金时间价值

    C.没有考虑回收期满后的现金流量

    D.不能反映投资方案的收益水平

8.采用净现值法评价投资项目可行性时，所采用的折现率通常有（   ）。

    A.投资项目的资本成本率   B.投资者要求的必要报酬率

    C.行业平均投资收益率   D.投资项目的内含报酬率

9.影响内含报酬率大小的因素有（   ）。

    A.营业现金流量   B.建设期

    C.投资项目有效年限   D.原始投资额

10.能够影响所有动态指标的因素有（   ）。

    A.建设期   B.资金投入方式

    C.各年现金流量   D.折现率

五、判断题

1.投资回收期既考虑了资金的时间价值，又考虑了回收期满后的现金流量

情况。 （　　）

 2.内含报酬率反映了投资项目真实的报酬率。 （　　）

 3.获利指数和投资报酬率均没有考虑资金的时间价值。 （　　）

 4.在评价投资项目的财务可行性时，如果投资回收期或投资报酬率的评价结论与净现值指标的评价结论发生矛盾，应当以净现值指标的结论为准。 （　　）

 5.在进行项目投资决策时，如果某备选方案的净现值比较小，那么该方案的内含报酬率相对较低。 （　　）

 6.某贴现率可以使某投资方案的净现值等于零，则该贴现率可以称为该方案的内含报酬率。 （　　）

 7.对于同一项固定资产，采用加速折旧法计提折旧所计算出来的净现值比采用直线法要小。 （　　）

 8.采用获利指数评价投资项目的投资效果，只有获利指数大于1的方案才可以作为可行方案。 （　　）

 9.获利指数是相对数指标，反映投资的效益，但不适用于独立投资机会获利能力的比较。 （　　）

 10.净现值考虑了资金的时间价值，能够反映各投资方案的净收益，但是不能揭示各方案本身可能达到的投资报酬率。 （　　）

 11.项目投资方案的内含报酬率并不一定只有一个。 （　　）

 12.在某种情况下，净现值和内含报酬率所得出的结论不一致，这是因为净现值假设现金流入量重新投入会产生相当于企业资本成本的收益率，而内含报酬率却假定现金流入产生的收益率和内含报酬率相等。 （　　）

六、业务题

 1.某企业拟进行一个项目投资，该项目现金流量的有关资料见表4-1。

表4-1 投资项目现金流量资料表 单位：万元

年 份	建设期		经营期					合 计
	0	1	2	3	4	5	6	
净现金流量	−1 000	−1 000	100	1 000	B	1 000	1 000	2 900
累计现金流量	−1 000	−2 000	−1 900	A	900	1 900	2 900	—
折现净现金流量	−1 000	−943.4	89	839.6	1 425.8	747.3	705	1 863.3

 要求：

 （1）计算上表中用英文字母表示的金额数值。

（2）计算或确定以下各项指标：

① 投资回收期：

② 原始投资现值：

③ 净现值：

④ 获利指数：

2.某企业两个投资项目的现金流量计算见表4-2。其中，固定资产按直线法计提折旧，该企业的资本成本为10%。

表4-2　　　　　　　　　　　　投资项目现金流量计算表　　　　　　　　单位：万元

年　份 方　案	0	1	2	3	4	5
甲方案： 固定资产投资 营业现金流量	-60	20	20	20	20	20
现金流量合计	-60	20	20	20	20	20
乙方案： 固定资产投资 垫支营运资金 营业现金流量 固定资产残值 营运资金回收	-80 -20	28	25	22	19	16 10 20
现金流量合计	-100	28	25	22	19	46

要求：

（1）分别计算两个方案的投资回收期。

（2）分别计算两个方案的投资报酬率。

（3）分别计算两个方案的净现值。

（4）分别计算两个方案的获利指数。

（5）分别计算两个方案的内含报酬率。

任务四　项目投资决策指标的运用

一、名词解释

1.等额年金法

2.最小公倍寿命法

二、思考题

1.项目更新决策需要考虑哪些因素?

2.平均年成本法与差额分析法的适用范围有何不同?

三、单项选择题

1.互斥项目的投资决策中,在( )的情况下可以直接比较净现值的大小。
　A.项目原始投资额相等　　　　　　　B.项目原始投资额不相等
　C.项目寿命期不相等　　　　　　　　D.项目寿命期相等
2.在新旧设备未来使用年限不相等的情况下,更新决策时应主要比较两个项目的( )。
　A.净现值　　　　B.平均年成本　　　C.等额年金　　　D.获利指数

四、多项选择题

1.项目寿命不等的投资决策,可采纳的决策方法有( )。
　A.最小公倍寿命法　　　　　　　　　B.内含报酬率法
　C.等额年金法　　　　　　　　　　　D.获利指数法
2.使用平均年成本法评价互斥项目的前提有( )。
　A.经营成本相等　　　　　　　　　　B.无所得税
　C.营业收入相等　　　　　　　　　　D.无残值

五、判断题

1.在资本不受限制的情况下,所有投资方案都可以入选。　　　　　　　( )
2.差额分析法适用于任何情形下的项目更新决策。　　　　　　　　　　( )
3.最小公倍寿命法的缺点是两个项目寿命期的最小公倍数不能太大。　　( )

4.平均年成本法与等额年金法的基本原理是相同的。　　　　　　　　　　　　（　　）

六、业务题

1.某企业4年前购入一台机床，原价为42万元，期末残值为2万元，估计还可以使用6年。

最近该企业考虑是否需用一种新型的数控机床取代原设备，新机床售价为52万元，使用期限为6年，期末残值为4万元。若购置新机床，可使该企业每年的营业现金净流量由目前的39万元增加到49万元。

目前该企业原有机床的账面价值为26万元，如果现在立即出售，可获得价款14万元。假设该企业的资本成本为8%，适用的所得税税率为25%。

要求：采用差额净现值法对该项售旧购新方案的可行性作出评价。

2.某投资项目有A、B两个投资方案，有关现金流量的资料见表4-3，假设资本成本为10%。

表4-3　　　　　　　　　　　　投资方案现金流量资料表　　　　　　　　　　单位：万元

方案＼年份	0	1	2	3	4	5	6
A	−800	440	440	440	440	440	440
B	−1 200	750	750	750			

要求：采用最小公倍寿命法评价A、B两个投资方案的投资效果。

案例与实训

一、案例分析

某公司有一个投资项目，其内部收益率为10.5%，适用的所得税税率为25%。在现有的条件下只能按资本结构和个别资本成本筹集项目所需要的资金，有关资料见表4-4。

表4-4　　　　　　　　　　　　　某公司有关资料表

项　目	资本总额中所占比重	个别资本成本（税前）
负债	35%	7%
优先股	15%	10%
普通股	50%	13%

根据上述资料，分析讨论以下问题：

（1）从公司理财的角度看，某公司的投资项目可以接受吗？为什么？

（2）以此为基础，从公司理财的角度浅谈企业筹资决策与投资决策的关系，如何正确看待和处理这种关系，对于我国企业尤其是上市公司有何现实意义？

（3）就项目投资的方法而言，国内外并没有根本的区别。我国企业应用这些方法所面临的环境与国外企业有何不同？这些环境的不同又如何影响项目投资方法在我国应用的有效性？

（4）项目投资方法隐含的假设与决策者的行为是否存在矛盾？如果您认为存在矛盾，那么这种矛盾在我国企业是如何表现的？

二、实训项目

1.项目名称：项目投资管理。

2.实训目的：

（1）了解项目投资决策的程序；

（2）理解项目投资与流动资产投资的本质区别。

3.实训场景：模拟或实际的项目投资环境。

4.实训指导：

（1）刘明是一家近海码头服务公司的财务经理，公司最近计划新购进两台起重机用于装卸船只，公司总裁要求刘明在一周内提交一份关于该项投资的可行性报告。

（2）了解有关起重机的型号、价格和耐用年限等。

（3）如果需要贷款购买起重机，目前的贷款利率是多少？贷款本息的偿还方式如何？

（4）预测这两台起重机每年可为公司带来的净现金流量是多少？

（5）采用净现值或内含报酬率指标评价该项目的投资效果。

5.实训报告：

实训后应完成实训报告，具体内容包括：目前市场上起重机的型号、价格和寿命都有哪些不同？公司应选择哪种型号的设备？贷款利率、股东的期望收益率和公司的所得税税率各为多少？该项目的净现金流量将达到多少？通过实训你有哪些收获？

项目五

证券投资管理

任务一　证券投资概述

一、名词解释

1.证券投资

2.股票投资

3.债券投资

二、思考题

1.证券是如何分类的?

2.企业进行证券投资的目的有哪些?

三、单项选择题

1.下列各项中,能够体现债权债务关系的是 (　　)。

　A.普通股　　　　　B.国库券　　　　　C.投资基金　　　　　D.优先股

2.下列各项中,能够体现所有权关系的是 (　　)。

　　A.普通股　　　　　B.国库券　　　　　　C.企业债券　　　　D.大额可转让存单

3.下列各项属于变动收益证券的是（　　　　）。

　　A.普通股　　　　　B.国库券　　　　　　C.企业债券　　　　D.优先股

4.下列各项属于短期证券的是（　　　　）。

　　A.普通股　　　　　B.优先股　　　　　　C.投资基金　　　　D.商业汇票

5.下列各项属于企业短期证券投资的直接目的是（　　　　）。

　　A.获取财务杠杆利益　　　　　　　　　B.降低企业经营风险

　　C.扩大本企业生产能力　　　　　　　　D.暂时存放闲置资金

四、多项选择题

1.证券按照投资的期限，可分为（　　　　）。

　　A.资本投资证券　　　　　　　　　　　B.货币投资证券

　　C.长期证券　　　　　　　　　　　　　D.短期证券

2.证券按照发行主体的不同，可分为（　　　　）。

　　A.股票　　　　　B.政府证券　　　　　C.金融证券　　　　D.公司证券

3.证券按照所体现的经济内容的不同，可分为（　　　　）。

　　A.债券　　　　　B.股票　　　　　　　C.投资基金　　　　D.金融证券

4.证券按照收益的不同，可分为（　　　　）。

　　A.利息收益证券　　　　　　　　　　　B.股利收益证券

　　C.固定收益证券　　　　　　　　　　　D.变动收益证券

5.企业进行证券投资的目的有（　　　　）。

　　A.利用闲置资金，作为现金储备

　　B.满足偿还长期债务的需要

　　C.多角化经营，降低企业风险

　　D.获得对相关企业的控制权

6.股票投资的特点有（　　　　）。

　　A.风险大　　　　　B.风险小　　　　　C.收益高　　　　　D.收益低

7.债券投资的特点有（　　　　）。

　　A.风险大　　　　　B.风险小　　　　　C.收益高　　　　　D.收益低

8.下列各项属于投资基金优点的有（　　　　）。

　　A.具有专家理财优势　　　　　　　　　B.具有资金规模优势

　　C.可以完全避免投资风险　　　　　　　D.可以获得很高的投资收益

五、判断题

1.股票和投资基金一般是变动收益证券，但债券肯定是固定收益证券。　（　　　）

2.企业为实现利用闲置资金、做好现金储备的目的，应选择收益性高的证券作为投资对象。　　　　　　　　　　　　　　　　　　　　　　　　　　　　　（　　　）

3.如果企业在未来有一笔债务需要偿还，可以投资收益稳定的债券，于债务到期时

用债券投资的本息一并归还债务。   （ ）

4.对上游或下游企业进行股权投资；有利于稳定企业的原材料供应或产品的销售。   （ ）

5.证券投资是指买卖公司证券的投资行为。   （ ）

任务二　证券投资的风险和收益

一、名词解释

1.违约风险

2.流动性风险

3.利息率风险

二、思考题

1.证券的违约风险受哪些因素的影响？投资者该如何降低违约风险？

2.利息率变动与证券价格变动的关系如何？

三、单项选择题

1.下列各项能够更好地避免购买力风险的是（　　　）。

　　A.普通股　　　　　B.优先股　　　　　C.公司债券　　　　　D.国库券

2.对证券持有人而言，证券发行人无法按期支付债券利息或偿付本金的风险称为（　　　）。

　　A.流动性风险　　　B.系统性风险　　　C.违约风险　　　　D.购买力风险

3.一般情况下，当市场利率下降时，已发行的公司债券的价格将（　　　）。

　　A.下降　　　　　B.上升　　　　　C.不受影响　　　　D.难以确定

4.一般而言，下列各项已上市流通的证券中，违约风险相对最小的是（　　　）。

　　A.可转换债券　　　B.普通股　　　　C.公司债券　　　　D.国库券

5.在恶性通货膨胀的情况下，利率往往会随之（　　　），从而使有价证券的价格（　　　）。

　　A.上升、上升　　　B.下降、下降　　　C.上升、下降　　　D.下降、上升

6.以满足季节性经营对现金需求为目的的证券投资，要求所投资的证券（　　　）。

　　A.收益要高　　　　　　　　　　　B.流动性好

　　C.必须是所有权证券　　　　　　　D.必须是债权证券

四、多项选择题

1.证券投资的风险除违约风险外，还包括（　　　）。

　　A.流动性风险　　　B.利息率风险　　　C.通货膨胀风险　　　D.期限性风险

2.下列各项属于证券投资收益的有（　　　）。

　　A.股票股利　　　　B.债券利息　　　　C.股票买卖价差　　　D.债券买卖价差

3.必要报酬率包括（　　　）。

　　A.无风险报酬率　　　　　　　　　B.风险报酬率

　　C.通货膨胀附加率　　　　　　　　D.违约风险附加率

4.下列关于短期证券与长期证券的风险的表述中，正确的有（　　　）。

　　A.长期证券的违约风险大于短期证券

　　B.长期证券的利息率风险大于短期证券

　　C.长期证券的购买力风险大于短期证券

　　D.长期证券的期限性风险大于短期证券

5.债券按其计息方式一般有（　　　）。

　　A.一次还本分期付息债券　　　　　B.一次还本付息债券

　　C.贴息债券　　　　　　　　　　　D.国库券

五、判断题

1.在通货膨胀的情况下，普通股等变动收益证券比公司债券等固定收益证券通常能够更好地避免购买力风险。　　　　　　　　　　　　　　　　　　　　　　（　　　）

2.如果物价水平较高，经济形势不稳定，市场利率较高，那么企业一般应选择投资固定收益证券。 （　　）

3.计算证券投资的收益率与计算投资项目的内含报酬率的方法相同。 （　　）

4.证券投资收益率包括证券交易定期的变现价与原价差以及股利或利息收益。 （　　）

六、业务题

1.某投资者购买了一张面值为1 000元，票面利率为10%，期限为5年的债券。该债券每年付息2次，于每半年年末支付利息。

要求：如果该债券当时按1 050元溢价购入，计算该债券的收益率。

2.某投资者购买了一张面值为1 000元，票面利率为10%，期限为5年，到期一次还本付息的债券。

要求：如果该债券当时按1 050元溢价购入，计算该债券的收益率。

3.某投资者购买了一张面值为1 000元，票面利率为0，期限为5年的债券。

要求：如果该债券当时的购买价格为700元，计算该债券的收益率。

4.某投资者以每股50元的价格购买了甲股票，持有的3年间每股分别获得现金股利2元、2.5元和3元，3年后以每股65元的价格将其出售。

要求：计算该股票的收益率。

任务三　证券投资决策

一、名词解释

1.证券投资决策

2.债券投资收益率

二、思考题

1.影响证券投资决策的因素有哪些?

2.企业债券投资的目的有哪些?

三、单项选择题

1.投资者的实际报酬率等于名义报酬率减去（　　　）。
　　A.无风险报酬率　　　　　　　　　B.风险报酬率
　　C.通货膨胀率　　　　　　　　　　D.违约风险附加率

2.债券价值等于其未来现金流量按（　　）计算的现值。
　　A.国库券利率　　　　　　　　　　B.市场利率
　　C.通货膨胀率　　　　　　　　　　D.风险报酬率

3.某公司拟发行面值为 1 000 元，不计复利，5 年后一次还本付息，票面利率为

10% 的债券。已知发行时资金市场的年利率为 12%，则该公司债券的发行价格为（　　）元。

  A.851.10   B.1 001.84   C.1 058.35   D.1 234.44

4.企业进行长期债券投资的目的主要是（　　）。

  A.利用暂时闲置的资金   B.作为现金储备

  C.获取长期稳定收益   D.降低短期财务风险

四、多项选择题

1.通货膨胀对企业证券投资的影响包括（　　）。

  A.通货膨胀会降低投资者的实际收益率

  B.通货膨胀会影响证券价格

  C.通货膨胀剧烈时往往伴随利率的上调，从而使股价下降

  D.通货膨胀剧烈时往往伴随利率的下调，从而使股价下降

2.与股票投资相比，债券投资的缺点主要有（　　）。

  A.购买力风险高   B.流动性风险大

  C.没有经营管理权   D.投资收益不稳定

3.下列各项属于股票收益影响因素的有（　　）。

  A.股份公司经营业绩   B.股票市场价格变化

  C.公司的股利政策   D.投资者的经验与技巧

4.股票投资的缺点有（　　）。

  A.购买力风险高   B.求偿权居后

  C.价格不稳定   D.收入稳定性强

5.与股票投资相比，债券投资的优点主要有（　　）。

  A.本金安全性好   B.投资收益率高

  C.购买力风险低   D.收入稳定性强

6.下列各项说法中，正确的有（　　）。

  A.国库券没有违约风险和利息率风险

  B.债券质量越高，违约风险越小

  C.购买预期报酬率上升的资产可以抵补通货膨胀所带来的损失

  D.债券到期时间越长，利率风险越小

五、判断题

1.一般来说，企业进行股票投资的风险要小于债券投资的风险。（　　）

2.在选择长期债券投资对象时，应保证投资对象风险小，且易于变现。（　　）

3.债券的市场利率也称票面利率，即债券发行时金融市场通行的利率。（　　）

4.在票面利率大于市场利率的情况下，债券发行时的价格一定大于债券面值。（　　）

5.股票价格经常波动，然而，正是由于股票价格的波动为股票投资者获取收益创造了条件。（　　）

六、业务题

1.某股票为固定增长型股票，预计第1年发放的股利为每股3元，年股利增长率为3%，投资者的必要报酬率为10%。

要求：计算该股票的内在价值。

2.某投资者拟购买面值为1 000元，票面利率为6%，期限为5年的债券。该债券每年付息2次，于每半年年末支付利息。

要求：当市场利率分别为4%、6%和8%时，计算该债券的价值。

3.某企业欲投资一项利随本清的债券。该债券的面值为1 000元，票面利率为8%，不计复利，期限为3年。当前的市场利率为7%，该债券市场价格为1 020元。

要求：计算分析该企业是否可以进行此项投资。

4.A公司拟购买某公司债券作为长期投资（打算持有至到期日），要求的必要报酬率为6%。

现有三家公司同时发行5年期、面值1 000元的债券。其中，甲公司债券的票面利率为8%，每年付息一次，到期还本，债券发行价格为1 041元；乙公司债券的票面利率为8%，单利计息，到期一次还本付息，债券发行价格为1 050元；丙公司债券的票面利率为0，到期按面值还本，债券发行价格为750元。

要求：

（1）计算 A 公司购入甲公司债券的价值和收益率。

（2）计算 A 公司购入乙公司债券的价值和收益率。

（3）计算 A 公司购入丙公司债券的价值和收益率。

（4）根据上述计算结果，评价甲、乙、丙三家公司的债券是否有投资价值，并为 A 公司作出购买何种债券的决策。

（5）若 A 公司购买甲公司债券，1 年后将其以 1 050 元的价格出售，计算该项投资的收益率。

任务四　证券投资组合

一、名词解释

1.证券组合

2.系统性风险

3.非系统性风险

二、思考题

1.证券组合的目的是什么？

2.如何衡量非系统性风险？

三、单项选择题

1.下列各项因素引起的风险中，投资者可以通过证券投资组合予以削减的是（　　）。

 A.宏观经济状况变化　　　　　　　　B.世界能源状况变化

 C.发生经济危机　　　　　　　　　　D.被投资企业出现经营失误

2.当某股票的β系数等于1时，下列表述正确的是（　　）。

 A.该股票的市场风险大于整个市场股票的风险

 B.该股票的市场风险小于整个市场股票的风险

 C.该股票的市场风险等于整个市场股票的风险

 D.该股票的市场风险与整个市场股票的风险无关

3.某公司股票的β系数为1.5，无风险利率为4%，市场上所有股票的平均收益率为8%，则该公司股票的必要收益率应为（　　）。

 A.4%　　　　　　　B.12%　　　　　　　C.8%　　　　　　　D.10%

4.当两种证券完全正相关时，由此所形成的证券投资组合（　　）。

 A.能适当分散风险

 B.不能分散风险

C.证券组合风险小于单项证券风险的加权平均数

D.可分散全部风险

5.下列关于非系统性风险的表述中，正确的是（　　　）。

A.归因于广泛的价格趋势和事件

B.归因于某一投资企业特有的价格因素和事件

C.不能通过投资组合得以分散

D.通常以 β 系数进行衡量

6.证券投资中，通过随机选择足够数量的证券进行投资组合可以分散的风险是（　　　）。

A.所有风险　　　　B.市场风险　　　　C.系统性风险　　　　D.非系统性风险

7.低风险、低收益证券所占比重较小，高风险、高收益证券所占比重较大的投资组合属于（　　　）。

A.冒险型投资组合　　　　　　　　B.适中型投资组合

C.保守型投资组合　　　　　　　　D.随机型投资组合

8.当投资收益率大于无风险收益率时，β 系数应该（　　　）。

A.大于 1　　　　B.等于 1　　　　C.小于 1　　　　D.等于 0

四、多项选择题

1.按照资本资产定价模型，确定特定股票的必要收益率所考虑的因素有（　　　）。

A.无风险收益率　　　　　　　　B.公司股票的特有风险

C.特定股票的 β 系数　　　　　　D.所有股票的年平均收益率

2.冒险型投资组合的特点有（　　　）。

A.组合中成长型的股票比较多，而低风险、低收益的股票并不多

B.组合的随意性强，变动频繁

C.收益高

D.风险大

3.按照投资的风险分散理论，以等量资金投资于 A、B 两个项目，下列各项说法中正确的有（　　　）。

A.若 A、B 两个项目完全负相关，组合后的非系统性风险完全抵消

B.若 A、B 两个项目完全负相关，组合后的非系统性风险不变

C.若 A、B 两个项目完全正相关，组合后的非系统性风险完全抵消

D.若 A、B 两个项目完全正相关，组合后的非系统性风险不变

4.证券投资组合的系统性风险产生的原因主要有（　　　）。

A.国家税法的变化

B.国家财政和货币政策的变化

C.投资失误

D.世界能源状况的变化

5.下列各项属于系统性风险因素的有（　　　）。

A.国家取消个别公司享有的税收优惠政策

B.国家实施积极的财政政策

C.国家实施稳健的货币政策

D.国民经济需求不足

五、判断题

1.把投资报酬呈完全正相关的证券放在一起进行组合，可以降低风险。 （　　）

2.β系数既可以衡量系统性风险，也可以衡量非系统性风险。 （　　）

3.通过证券组合，既可以降低非系统性风险，也可以降低系统性风险。 （　　）

六、业务题

甲公司持有 A、B、C 三种股票，由三种股票组成的证券投资组合中，各股票所占的比重分别为 50%、30% 和 20%，β系数分别为 2.0、1.0 和 0.5，股票平均市场收益率为 15%，无风险收益率为 10%。A 股票当前的每股市价为 12 元，刚收到上一年度派发的每股 1.2 元的现金股利，预计股利以后每年增长 8%。

要求：

（1）根据上述资料，计算下列指标：

① 甲公司证券组合的β系数：

② 甲公司证券组合的风险报酬率：

③ 甲公司证券组合的必要报酬率：

④ 投资 A 股票的必要收益率：

（2）利用股票估价模型分析当前出售 A 股票是否对甲公司有利。

案例与实训

一、案例分析

冀中能源股票（000937）相关资料见表5-1。

表5-1 冀中能源股票（000937）相关资料表

时 间	市价（元）	每股收益（元）	每股净资产（元）	净利润增长率（%）
2011年	16.86	0.7216	11.0510	28.18
2021年	5.51	0.7796	5.9000	250.71
2022年	7.47 （4月1日）	0.2784 （第一季度）	6.1965 （第一季度）	511.18 （同比）

资料来源：根据冀中能源年度财务报表整理而得。

根据上述资料，并通过收集冀中能源相关信息后分析讨论以下问题：

（1）什么是股票价值？股票价格和股票价值是什么关系？

（2）你认为决定股票价格的因素是什么？影响因素又有哪些？

二、实训项目

1.项目名称：证券投资。

2.实训目的：

（1）了解证券投资的种类；

（2）应用证券投资的基本原理；

（3）掌握证券投资收益率的计算。

3.实训场景：模拟或实际的股票投资系统。

4.实训指导：

（1）假定你有1万元资金，可以利用的时间为1个月。

（2）通过观察证券市场，分析可以进行投资的证券种类。

（3）选择你所感兴趣的证券，分析影响该证券投资的各种因素。

（4）利用1万元资金进行投资，选择合适的时机模拟证券的买入及卖出。

（5）1个月结束后，计算你的投资收益。

5.实训报告：

实训后应完成实训报告，具体内容包括：通过对证券市场的观察，你所了解的可以投资的证券种类有哪些？你选择投资证券的理由是什么？影响这些证券的因素有哪些？哪些是有利因素，哪些是不利因素？你所投资证券的收益率是多少？通过实训你有哪些收获？

项目六

营运资金管理

任务一 营运资金管理概述

一、名词解释

1.营运资金

2.流动资产

3.流动负债

二、思考题

1.营运资金的特点有哪些?

2.企业营运资金应遵循的原则有哪些?

三、单项选择题

1.下列各项属于应付金额不确定的流动负债的是（　　）。

  A.短期借款　　　　　　　　　　B.应付票据

  C.应交税费　　　　　　　　　　D.应付短期融资券

2.下列各项不属于营运资金特点的是（　　　　）。

　　A.营运资金的来源具有多样性

　　B.营运资金的数量具有波动性

　　C.营运资金的实物形态具有多变性

　　D.营运资金的周转具有长期性

3.下列各项不属于流动资产的是（　　　　）。

　　A.债权投资　　　　　　　　　　　B.交易性金融资产

　　C.合同资产　　　　　　　　　　　D.持有待售资产

四、多项选择题

1.营运资金管理应遵循的原则有（　　　　）。

　　A.满足正常生产经营活动的资金需求

　　B.提高资金使用效率

　　C.节约资金使用成本

　　D.维持短期偿债能力

2.下列各项属于自然性流动负债的有（　　　　）。

　　A.应付账款　　　　　　　　　　　B.应交税费

　　C.应付职工薪酬　　　　　　　　　D.短期银行借款

3.营运资金的筹集方式有（　　　　）。

　　A.短期银行借款　　　　　　　　　B.发行短期融资券

　　C.发行股票　　　　　　　　　　　D.利用商业信用

五、判断题

1.广义的营运资金也称净营运资金，是指流动资产减去流动负债的余额。　（　　　）

2.营运资金管理的目标是在保证企业正常生产经营活动资金需求的情况下，以最低的成本实现最大的经济效益。　　　　　　　　　　　　　　　　　　　　（　　　）

3.营运资金管理只包括流动资产管理，不包括流动负债管理。　　　　　（　　　）

4.企业拥有的流动资产越多，意味着资产的流动性越强，收益能力越强，风险越小。　　　　　　　　　　　　　　　　　　　　　　　　　　　　　　　　（　　　）

5.流动负债是指需要在1年或者超过1年的一个营业周期内偿还的债务。其主要特点是成本低、偿还期短、偿债风险小。　　　　　　　　　　　　　　　　　　（　　　）

任务二　现金管理

一、名词解释

1.最佳现金持有量

2.现金周转期

3.现金浮游量

二、思考题

1.企业为何应确定最佳现金持有量？

2.企业持有现金的动机有哪些？

三、单项选择题

1.在正常业务活动的基础上，追加一定数量的现金余额以应对未来现金收支的随机波动的动机是（　　）。

　　A.预防性动机　　　B.交易性动机　　　C.投机性动机　　　D.投资性动机

2.下列各项属于持有现金机会成本的是（　　　）。

 A.现金管理人员工资   B.现金安全措施费用

 C.现金被盗的损失   D.现金的再投资收益

3.某企业6月10日赊购商品时，双方约定的付款条件为"2/10，n/30"。6月20日，该企业有能力付款，但直至6月30日才支付这笔款项。该笔业务运用的是现金日常管理策略中的（　　　）策略。

 A.推迟应付款的支付   B.合理利用现金浮游量

 C.力争现金流量同步   D.加速收款

4.持有过量现金可能导致的不利后果是（　　　）。

 A.财务风险加大   B.收益水平下降

 C.偿债能力下降   D.资产流动性下降

5.营运资金管理中，企业将"从收到尚未付款的材料开始，到以现金支付该货款之间所用的时间"称为（　　　）。

 A.现金周转期 B.存货周转期 C.应付账款周转期 D.应收账款周转期

6.下列各项有关现金周转期的表述中，正确的是（　　　）。

 A.现金周转期＝存货周转期＋应收账款周转期＋应付账款周转期

 B.现金周转期＝存货周转期＋应收账款周转期－应付账款周转期

 C.现金周转期＝存货周转期－应收账款周转期－应付账款周转期

 D.现金周转期＝存货周转期－应收账款周转期＋应付账款周转期

四、多项选择题

1.企业在确定为应对突发性事件而持有现金的数额时，需要考虑的因素有（　　　）。

 A.企业销售水平的高低   B.企业临时融资的能力

 C.金融市场投资机会的多少   D.企业现金流量预测的可靠程度

2.下列各项说法中，正确的有（　　　）。

 A.现金持有量越大，机会成本越高 B.现金持有量越小，短缺成本越大

 C.现金持有量越大，管理成本越大 D.现金持有量越大，收益越高

3.下列各项属于控制现金支出有效措施的有（　　　）。

 A.运用坐支   B.运用透支   C.提前支付账款   D.运用浮游量

4.现金周转期，就是指介于公司支付现金与收到现金之间的时间段。下列各项会使现金周转期缩短的方式有（　　　）。

 A.缩短存货周转期   B.缩短应收账款周转期

 C.缩短应付账款周转期   D.缩短预收账款周转期

5.存货模型下，与现金持有量相关的成本项目有（　　　）。

 A.机会成本 B.管理成本   C.转换成本   D.短缺成本

6.客户的汇款从纸基方式转向电子方式的优点有（　　　）。

 A.结算时间和资金可用性可以预计

 B.向任何一个账户或任何金融机构的支付具有灵活性

C.更容易更新应收账款

D.可以减少或消除收款浮动期

五、判断题

1.企业持有现金的管理成本是一种固定成本，与现金持有量之间没有明显的比例关系。　　　　　　　　　　　　　　　　　　　　　　　　　　　　　　（　　）

2.预防性动机是指置存现金以防发生意外的现金支出的需要，其与企业现金流量预测的可靠性及企业的销售收入有关。　　　　　　　　　　　　　　　　　　（　　）

3.企业在不影响自身信誉的前提下，可以尽可能地推迟应付款的支付期，这是企业日常现金管理的策略之一。　　　　　　　　　　　　　　　　　　　　　　（　　）

4.企业营运资金余额越大，说明企业风险越小，收益率越高。　　　　　（　　）

5.应付账款周转期是指从收到尚未付款的材料开始到现金支出之间所用的时间。　　　　　　　　　　　　　　　　　　　　　　　　　　　　　　　　　（　　）

6.企业用于采购原材料、支付工资、缴纳税费及短期投资活动所需要的现金，属于交易性动机所需现金。　　　　　　　　　　　　　　　　　　　　　　　　（　　）

六、业务题

1.假定某公司现金收支状况稳定，预计全年现金需要量为6 000 000元，现金与有价证券的交易成本为每次120元，有价证券年利率为10%。

要求：

（1）利用存货模式确定最佳现金持有量。

（2）计算最佳现金持有量下的全年现金管理相关总成本。

（3）计算最佳现金持有量下的全年有价证券交易次数。

2.某公司现有四种现金持有量方案，各方案有关成本资料见表6-1。

表6-1　　　　　　　　　　　　　现金持有量备选方案　　　　　　　　金额单位：元

项　目	甲	乙	丙	丁
现金持有量	40 000	50 000	60 000	70 000
管理成本	3 000	3 000	3 000	3 000
机会成本率	8%	8%	8%	8%
短缺成本	2 000	1 000	500	0

要求：利用成本分析模型确定该公司的最佳现金持有量。

3.某公司预计存货周转天数为60天，应收账款周转天数为90天，应付账款周转天数为30天。

要求：计算该公司的现金周转期和现金周转率。

任务三　应收账款管理

一、名词解释

1.信用标准

2.信用条件

3.应收账款保理

二、思考题

1.简述企业应收账款的产生及其功能。

2.企业信用政策包括哪些内容，应如何做好信用政策的决策？

三、单项选择题

1.下列各项不属于企业应收账款成本内容的是（　　）。

　　A.管理成本　　　　　B.机会成本　　　　　C.坏账成本　　　　　D.营运成本

2.下列各项不属于应收账款管理成本的是（　　）。

　　A.收集各种信息的费用　　　　　　　　B.调查顾客信用状况的费用

　　C.相关管理人员成本　　　　　　　　　D.应收账款无法收回而发生的损失

3.企业以赊销方式卖给客户100万元的甲产品，为了使客户能够尽快付款，企业给予客户的信用条件为"10/10，5/30，n/60"。下列各项表述中正确的是（　　）。

　　A.信用条件中的10、30、60是信用期限

　　B.n表示折扣率，由买卖双方协商确定

　　C.客户只要在60天以内付款就能享受现金折扣优惠

　　D.以上都不对

4.某企业目前的信用条件为"n/30"，赊销额为3 600万元，预计将信用期延长为"n/60"，预计赊销额将变为7 200万元。若该企业变动成本率为60%，资金成本率为10%，假设一年为360天，则该企业应收账款占用资金将增加（　　）万元。

A.3 600　　　　　B.54　　　　　C.540　　　　　D.360

5.某企业目前的信用政策为"2/15，n/30"，有占销售额60%的客户在折扣期内付款并享受公司提供的折扣；不享受折扣的应收账款中，有80%可以在信用期内收回，另外20%在信用期满后的12.5天收回。该企业应收账款平均收现期为（　　　）天。

A.18　　　　　B.22　　　　　C.21　　　　　D.41.5

6.下列各项属于应收账款机会成本的是（　　　）。

A.坏账损失　　　　　　　　　B.客户资信调查费用

C.应收账款占用资金应计利息　　D.收账费用

四、多项选择题

1.企业对顾客进行资信评估应当考虑的因素主要包括（　　　）。

A.信用品质　　B.偿付能力　　C.资本和抵押品　　D.经济环境

2.在确定因放弃现金折扣而发生的信用成本时，需要考虑的因素有（　　　）。

A.数量折扣百分比　　　　　　B.现金折扣百分比

C.折扣期　　　　　　　　　　D.信用期

3.企业在制定信用标准时应考虑的基本因素有（　　　）。

A.企业承担风险的能力　　　　B.同行业竞争对手的情况

C.客户的资信程度　　　　　　D.企业同客户关系的密切程度

4.应收账款信用政策中，企业采用现金折扣政策的目的有（　　　）。

A.吸引顾客为享受优惠而提前付款　　B.减轻企业税负

C.缩短企业平均收款期　　　　　　　D.扩大销售量

5.应收账款保理发挥的财务管理作用主要有（　　　）。

A.融资功能　　　　　　　　　B.减轻应收账款管理负担

C.减少坏账损失　　　　　　　D.改善企业的财务结构

6.保理商承担全部风险的保理方式有（　　　）。

A.有追索权保理　　　　　　　B.无追索权保理

C.折扣保理　　　　　　　　　D.到期保理

五、判断题

1.信用标准一般以预期坏账损失率作为判别标准。　　　　　　　　　（　　　）

2.如果公司的坏账损失率为零，可能意味着公司的信用标准过于严格。　（　　　）

3.企业花费的收账费用越多，坏账损失就一定越少。　　　　　　　　（　　　）

4.一般来说，理想的信用政策就是企业采取或积极或消极的信用政策时所带来的成本最低、收益最大的政策。　　　　　　　　　　　　　　　　　　　　　（　　　）

5.信用期限是指销货企业为客户规定的最短付款时间，一般称为信用期。　（　　　）

6.应收账款的坏账成本与应收账款数量成正比，即应收账款数量越多，可能发生的坏账成本也越多。　　　　　　　　　　　　　　　　　　　　　　　　（　　　）

六、业务题

某企业2022年甲产品销售收入为4 000万元，总成本为3 500万元，其中固定成本为500万元。2022年，该企业有两种信用政策可供选择：

A方案给予客户"n/45"的信用期限，预计销售收入为5 000万元，货款将于第45天收到，收账费用为20万元，坏账损失率为货款的2%。

B方案的信用条件为"2/10，1/20，n/60"，预计销售收入为5 500万元，将有30%的货款于第10天收到，20%的货款于第20天收到，其余50%的货款于第60天收到（前两部分货款不会产生坏账，最后一部分货款的坏账损失率为该部分货款的4%），收账费用为50万元。

该企业甲产品销售额的相关范围为3 000万元～6 000万元，假设资本成本为8%（为简化计算，本题不考虑增值税因素的影响）。

要求：通过计算为该企业作出信用政策的决策。

任务四　存货管理

一、名词解释

1.存货经济订货量

2.再订货点

3.存货保险储备

二、思考题

1.存货成本主要包括哪些内容?

2.什么是"零库存"管理? 你对"零库存"管理有何认识?

三、单项选择题

1.下列订货成本中,属于变动成本的是 (　　　)。

A.采购部门管理费用　　　　　　　B.订货差旅费

C.采购人员的基本工资　　　　　　D.存货占用资金的应计利息

2.已知某存货的全年需要量为 7 200 件, 假设生产周期为一年 360 天, 存货的交货时间为 5 天, 企业建立的保险储备为 50 件, 则该存货的再订货点为 (　　　) 件。

A.20　　　　　　　B.50　　　　　　　C.100　　　　　　　D.150

3.下列项目中,属于存货储存成本的是 (　　　)。

A.进货差旅费　　　　　　　　　　B.存货占用资金的应计利息

C.由于材料供应中断造成的停工损失　D.采购人员的工资

4.采用 ABC 分类法对存货进行控制时, 应当重点控制的是 (　　　)。

A.占用资金较多的存货　　　　　　B.数量较多的存货

C.品种较多的存货　　　　　　　　D.库存时间较长的存货

5.存货经济订货批量基本模型所依据的假设不包括 (　　　)。

A.存货总需求量是已知常数

B.库存持有成本与库存水平呈线性关系

C.单位存货成本为常数, 无批量折扣

D.允许缺货

6.某企业全年需用 A 材料 2 400 吨, 每次订货成本为 400 元, 每吨 A 材料的年储存成本为 12 元, 则每年最佳订货次数为 (　　　) 次。

A.12　　　　　　　B.3　　　　　　　C.4　　　　　　　D.6

四、多项选择题

1.存货总成本主要由 (　　　) 构成。

A.取得成本　　　B.销售成本　　　C.储存成本　　　D.短缺成本

2.缺货成本是指由于不能及时满足生产经营需要而给企业带来的损失，其包括（　　）。

    A.商誉（信誉）损失　　　　　　　　B.延期交货的罚金

    C.采取临时措施而发生的超额费用　　D.停工待料损失

3.存货经济订货批量基本模型下，确定经济批量时应考虑的成本有（　　）。

    A.采购成本　　　B.订货成本　　　C.储存成本　　　D.缺货成本

4.确定再订货点需要考虑的因素有（　　）。

    A.保险储备量　　　　　　　　　　　B.每天消耗的材料数量

    C.预计交货时间　　　　　　　　　　D.每次的订货成本

5.下列项目中，与存货经济订货批量基本模型无关的有（　　）。

    A.变动储存成本　　B.订货提前期　　C.年度计划订货总量　　D.存货单价

6.下列属于存货变动储存成本的有（　　）。

    A.存货占用资金的应计利息　　　　　B.紧急额外购入成本

    C.存货的破损变质损失　　　　　　　D.存货的保险费用

五、判断题

1.订货成本的高低取决于订货的数量和质量。　　　　　　　　　　　　（　　）

2.保险储备的建立是为了防止需求过大或供货延迟而发生缺货或供货中断。（　　）

3.存货周转期是指将原材料转化成产成品并出售所需要的时间。　　　　（　　）

4.存货占用资金的应计利息属于变动储存成本，在存货决策时应加以考虑。（　　）

5.存货的经济批量是指购置成本和订货成本达到最低时的订货批量。　　（　　）

6.存货管理的目标是在保证生产经营需要的前提下，最大限度地降低存货成本。　　　　　　　　　　　　　　　　　　　　　　　　　　　　　　（　　）

六、业务题

1.某公司预计全年耗用A材料250 000千克，单价为10元/千克。目前，该公司每次订货量和每次订货成本分别为50 000千克和500元。

要求：

（1）计算该公司存货的年订货成本。

（2）若单位存货的年储存成本为0.1元，存货管理相关的最低总成本为3 000元，则该公司的每次订货成本限额为多少？

（3）若该公司通过测算可以达到上述第（2）问题的限额，其他条件不变，则该公司的经济订货量为多少？此时存货占用资金为多少？

2.某公司每年需要甲材料36 000千克，进价为150元/千克，每次订货成本为1 250元，单位存货的年储存成本为10元。

要求：

（1）计算甲材料的经济订货量。

（2）计算经济订货量的相关存货成本。

（3）计算甲材料的最佳订货次数。

（4）若一年按360天计算，据以往经验，甲材料从发出订单到货物验收完毕一般需要的交货期为5天，该公司建立的保险储备为200千克，则甲材料的再订货点为多少？

3.B公司全年需用甲材料2 000千克，买价为20元/千克，每次订货费用为50元，单位储存成本为单位平均存货金额的25%。甲材料的供货方提出，若该材料每次购买量在1 000千克以上（含1 000千克）的，将享受5%的数量折扣。

要求：计算确定B公司是否应该接受供货方提出的数量折扣条件？

案例与实训

一、案例分析

2022年，L公司将开发的12种新产品一并推向市场，投入巨额广告费用开展广告攻势，广告效应十分明显，其知名度和市场关注度大大提高。同时，L公司为维护老客户、吸引新客户、保持销售业绩，放宽了信用政策，将预期坏账损失率由原来的5%调整为6%，信用期由原来的30天调整为60天，销售收入大幅度增长。但是，由于该公司的信用销售管理政策不健全，对客户信用管理的重要性认识不足，客户日常管理存在较大缺陷，客户拖欠货款现象非常严重。到2022年底，L公司12种新产品的销售额达到3.5亿元，而应收账款为2亿元，约占销售额的57%，坏账高达1.1亿元，企业亏损严重。巨额的应收账款和坏账损失使企业陷入严重的财务危机，面临破产风险。面对销售业务风险，L公司董事长召集营销部、生产部、研发部、财务部等部门召开研讨会，希望各部门献计献策，帮助公司尽快走出困境。

根据上述资料，分析讨论以下问题：

（1）L公司亏损的原因是什么？

（2）L公司应该如何走出目前的困境？

二、实训项目

1.项目名称：营运资金管理。

2.实训目的：

（1）了解营运资金的含义；

（2）明确营运资金管理的目的及重要性；

（3）了解现实中的企业营运资金管理政策；

（4）分析营运资金政策选择对企业财务风险、经营业绩等产生的影响。

3.实训场景：模拟或实际的企业经营环境。

4.实训指导：

良好的营运资金管理是企业得以生存的必要条件，但营运资金管理目标的实现必须依靠科学的营运资本政策。一般而言，企业营运资本政策包括两个方面：一是企业在流动资产上的投资规模，即营运资金的投资政策；二是企业流动资产的融资结构，即营运资金的融资政策。

企业财务管理活动中，一般将短期融资与短期资金占用相对应，长期融资与长期资金占用相对应，这样便于企业资产与负债期限的匹配，但长期融资的成本相对于短期融资来说较高。如果将短期融资用于长期资金需求，会降低资金成本，但会影响到企业短期债务的偿还，风险较大，可能会引起"技术性偿债能力不足"而导致企业破产；如果将长期融资用于短期资金需求，会降低风险，但会造成资金占用的浪费，增加企业的资本成本。

有关资料显示，我国一些制造企业流动资产的占用水平普遍较高，并较多地使用流动负债融资，同时营运资金的周转期明显高于国外同行业的先进水平。利用互联网及其他媒体查阅关于营运资金政策的文献，并完成以下实训任务：

（1）分析筹资环境与营运资金政策选择的关系。

（2）分析不同的营运资金政策对企业财务风险、经营业绩等产生的影响。

（3）可以采用分组讨论的方式完成此项实训任务。

5.实训报告：

实训后应完成实训报告，具体内容包括：描述企业营运资金及营运资金政策；分析建立合理稳健的营运资金政策对保证企业生产经营正常进行的重要性；分析筹资环境与营运资金政策选择的关系；分析不同的营运资金政策对企业财务风险、经营业绩等产生的影响；运用理论并结合实践阐述你对企业营运资金政策选择的看法。

项目七

收益分配管理

任务一　收益分配政策的环境分析

一、名词解释

1.资本保全约束

2.资本积累约束

二、思考题

1.什么是广义的收益分配？什么是狭义的收益分配？

2.收益分配时应遵循哪些基本原则？

3.影响收益分配的因素有哪些？

三、单项选择题

1.我国上市公司不得用于支付股利的权益资金是（　　　）。
   A.实收资本 　　　　　　　　B.任意盈余公积
   C.本年未分配利润 　　　　　D.上年未分配利润

2.如果一个国家的股利所得税高于股票交易的资本利得税，那么股东为了合理避税，更倾向于（　　）股利。

A.多发放　　　　　　　　　　　B.少发放

C.全发放　　　　　　　　　　　D.转让

3.如果用"林中双鸟"和"手中一鸟"分别来表示股东的长远利益和眼前利益，那么选择"手中一鸟"的股东（　　）。

A.偏好风险　　　　　　　　　　B.厌恶风险

C.对风险漠不关心　　　　　　　D.不依赖股利维持生活

4.如果股份公司有较强的举债能力，公司的债务比率较低，财务风险较小，债务资本成本低于权益资本成本，则企业可以实施（　　）股利政策。

A.高　　　　　B.低　　　　　C.固定　　　　　D.变动

四、多项选择题

1.按照资本保全约束的要求，企业发放股利所需要的资金来源包括（　　）。

A.当期利润　　　B.留存收益　　　C.原始投资　　　D.股本

2.若上市公司采用了合理的股利分配政策，则可获得的效果包括（　　）。

A.能为企业创造筹资的良好环境　　B.能处理好与投资者的关系

C.能改善企业的经营管理　　　　　D.能增强投资者的信心

3.影响企业收益分配政策的因素有（　　）。

A.法律因素　　　　　　　　　　B.股东因素

C.公司因素　　　　　　　　　　D.其他因素

4.影响股利政策的股东因素有（　　）。

A.控制权大小的约束　　　　　　B.避税考虑

C.对股利分配的态度　　　　　　D.法律规定

5.资产流动性较差的企业，其支付现金股利后（　　）

A.可能导致财务危机的发生　　　B.应采用低股利政策

C.可能缓解财务压力　　　　　　D.应采用高股利政策

6.股利无关论认为（　　）。

A.投资人并不关心股利的分配

B.股利支付率不会影响公司的价值

C.只有股利支付率会影响公司的价值

D.投资人对股利和资本利得无偏好

五、判断题

1.股份公司支付现金股利如果影响到债务的偿还，则其股利的支付要受到限制。　　　　　　　　　　　　　　　　　　　　　　　　　（　　）

2.如果股份公司未来有较好的投资机会，投资收益率高于股权资本成本，高于投资者的期望收益率，则企业可以考虑少保留收益，而多进行外部筹资。（　　）

3.留存收益的资本成本相对较低，无须支付大量的发行费用。从这个角度考虑，企业应尽可能地利用留存收益方式而不是发行债券方式进行筹资。此时，公司应采取低股利政策。　　　　　　　　　　　　　　　　　　　　　　　　　　（　　　）

4.留用利润是留在企业的利润，归企业所有，投资者无权要求对其进行分配。　（　　　）

任务二　股利分配政策分析

一、名词解释

1.股利政策

2."在手之鸟"理论

3.信号传递理论

二、思考题

1.股利理论有哪些？其主要观点分别是什么？

2.可供企业选择的股利政策有哪些？各有什么优缺点？其分别适应于企业的什么阶段？

三、单项选择题

1.下列股利政策中，股利与利润之间保持固定的比例关系，体现风险投资与风险收益对等关系的是（　　　）。

　　A.剩余股利政策　　　　　　　　　　B.固定股利政策

　　C.固定股利支付率政策　　　　　　　D.低正常股利加额外股利政策

2.下列各项适合采用固定股利政策的是（　　　）。

　　A.收益显著增长的公司　　　　　　　B.收益相对稳定的公司

　　C.财务风险较高的公司　　　　　　　D.投资机会较多的公司

3.上市公司按照剩余股利政策发放股利的好处是（　　　）。

　　A.有利于公司合理安排资本结构　　　B.有利于投资者安排收入与支出

　　C.有利于公司稳定股票的市场价格　　D.有利于公司树立良好的形象

4.对于净利润和现金流量不够稳定的企业，宜采用的股利政策是（　　　）。

　　A.剩余股利政策　　　　　　　　　　B.固定股利政策

　　C.低正常股利加额外股利政策　　　　D.固定股利支付率政策

5.公司的盈余公积达到注册资本的（　　　）时，可不再提取盈余公积。

　　A.25%　　　　　　B.50%　　　　　　C.80%　　　　　　D.100%

四、多项选择题

1.下列各项关于固定股利政策的说法中，正确的有（　　　）。

　　A.有利于稳定股票的价格　　　　　　B.能使股利和公司盈余紧密结合

　　C.有利于树立公司良好的形象　　　　D.有利于增强投资者对公司的信心

2.采用低正常股利加额外股利政策的理由包括（　　　）。

　　A.向市场传递公司正常发展的信息

　　B.使公司具有较大的灵活性

　　C.保持理想的资本结构，使综合资本成本最低

　　D.使依靠股利生活的股东有比较稳定的收入，从而继续吸引这部分投资者

3.剩余股利政策的优点有（　　　）。

　　A.有利于保证企业投资的需要

　　B.有利于保证调整资本结构的需要

　　C.有利于降低资本成本，控制财务风险

　　D.有利于企业长期稳定的生产经营活动的进行

4.固定股利支付率政策的优点有（　　　）。

　　A.和企业净收益水平密切联系，体现了多盈多分、少盈少分、不盈不分的分配原则

　　B.合理的支付比例兼顾了股东的眼前利益和企业的长远发展两个方面

　　C.根据盈利水平按固定的比率进行股利支付，体现了这一股利政策的稳定性

　　D.有利于企业保持最优资本结构

五、判断题

1.固定股利支付率政策的主要缺点是公司股利支付与其盈利能力相脱节，当盈利较低时，仍要支付较高的股利，容易引起公司资金短缺、财务状况恶化。 （ ）

2.采用固定或稳定增长股利政策的主要目的是避免出现由于经营不善而削减股利的情况。 （ ）

3.采用剩余股利政策的好处是有利于保持理想的资本结构，降低企业的综合资本成本。 （ ）

4.固定股利政策就是指股利绝对不能变化。 （ ）

六、业务题

某股份公司2022年的税后利润为800万元，负债比例为50%，公司想继续保持这一比例。预计该公司2023年将有一项良好的投资机会，需用资金700万元。假设该公司采用剩余股利政策。

要求：

（1）计算该公司2022年的对外筹资额。

（2）计算该公司可发放的股利额及股利发放率。

任务三 股利分配程序与方案的确定

一、名词解释

1.股票股利

2.股权登记日

3.除息日

二、思考题

1.根据《中华人民共和国公司法》的规定，企业应按照什么程序进行收益分配？

2.企业在不同的发展阶段应分别采用什么股利政策？

3.企业在什么情况下会选择发放股票股利？股票股利对企业和投资者会产生什么影响？

三、单项选择题

1.有权领取股利的股东资格登记截止日，称为（   ）。
 A.股利宣告日   B.股利支付日   C.除息日   D.股权登记日
2.下列各项表述中，正确的是（   ）。
 A.股票股利不会降低每股市价
 B.股票股利会导致公司资产的流出
 C.股票股利会增加公司的财产
 D.股票股利会引起所有者权益各项目的结构比例发生变化
3.一般情况下，除息日之后的股票价格（   ）除息日之前的股票价格。

　　A.高于　　　　　　　B.低于　　　　　　　C.等于　　　　　　　D.不一定

　　4.公司为了降低流通在外的本公司股票价格，对股东支付股利的形式可选用（　　　）。

　　A.现金股利　　　　B.财产股利　　　　C.股票股利　　　　D.负债股利

四、多项选择题

　　1.股利支付形式有多种，我国股份制企业规定的形式主要有（　　　）。

　　A.现金股利　　　　B.实物股利　　　　C.股票股利　　　　D.证券股利

　　2.发放股票股利会产生的影响有（　　　）。

　　A.引起每股盈余下降　　　　　　　　B.使公司留存大量现金

　　C.股东权益各项目的比例发生变化　　D.股东权益总额发生变化

　　3.股利决策涉及的内容有（　　　）。

　　A.股利支付程序中各日期的确定　　　B.股利支付方式

　　C.股利支付比率　　　　　　　　　　D.支付现金股利所需的筹资方式

　　4.公司发放现金股利产生的影响有（　　　）。

　　A.资产总额减少　　　　　　　　　　B.所有者权益总额减少

　　C.所有者权益结构调整　　　　　　　D.每股收益下降

五、判断题

　　1.处于成长中的公司多采用低股利政策；处于经营收缩期的公司多采用高股利政策。　　　　　　　　　　　　　　　　　　　　　　　　　　（　　　）

　　2.企业发放股票股利会引起每股收益的下降，从而导致每股市价有可能下跌，因而股东所持有股票的市场价值总额也将随之下降。　　　　　　　　（　　　）

　　3.发放股票股利或进行股票分割，会降低股票市盈率，相应地减少投资者的投资风险，从而可以吸引更多的投资者。　　　　　　　　　　　　　　（　　　）

　　4.在除息日之前，股利权从属于股票，从除息日开始，新购入股票的股东不能享有本次已宣告发放的股利。　　　　　　　　　　　　　　　　　　（　　　）

六、业务题

　　1.某公司的股权结构为：股本为10 000万元（面值1元，共10 000万股），资本公积为4 000万元，未分配利润为6 000万元，股东权益合计为20 000万元。本年度公司因现金不足，决定发放10%的股票股利。已知当前的市价为每股20元，本年度净利润为4 000万元。

　　要求：

　　（1）计算发放股票股利前后股东权益各项目有何变化?

（2）计算发放股票股利前后公司每股收益各为多少?

2.某公司2022年未分配利润为1 000万元，2021年税后利润为2 000万元，股本为500万股，每股面值为1元，资本公积为100万元，盈余公积为400万元，所有者权益合计为4 000万元，2022年年末每股市价为40元。该公司决定，按10%的比例提取法定盈余公积金，发放10%的股票股利（即股东每持10股可得1股），并且按发放股票股利后的股数派发现金股利每股0.1元。假设股票的每股市价与每股账面价值呈正比例关系。

要求：计算利润分配后的未分配利润、盈余公积、资本公积、流通股数和预计每股市价。

任务四　股票分割和股票回购

一、名词解释

1.股票分割

2.股票反分割

3.股票回购

4.要约回购

二、思考题

1.股票分割对企业有什么作用?

2.股票回购对企业有什么作用?

三、单项选择题

1.股票分割对所有者权益的影响是（   ）。

   A.增加了股东权益总额   B.改变了股东权益结构

   C.增加了股票数量   D.减少了股东权益总额

2.股票回购的作用不包括（   ）。

   A.提高股东权益比重   B.提高每股收益

   C.替代现金股利   D.稳定公司股价

3.要约回购的特点不包括（   ）。

   A.要约价格高于当前市场价格   B.向市场传递积极的信息

   C.回购成本高   D.要约价格低于当前市场价格

四、多项选择题

1.股票分割对股票的影响有（   ）。

   A.提高了股票的流动性   B.降低了股票价格

   C.提高了股票价格   D.降低了股票的流动性

2.股票反分割对所有者权益的影响不包括（   ）。

   A.增加了股东权益总额   B.改变了股东权益结构

   C.减少了股票数量   D.减少了股东权益总额

3.我国《公司法》规定,公司一般情况下不得收购本公司股份,而公司可以回购股票的情形包括（   ）。

A.减少公司注册资本

B.与持有本公司股份的其他公司合并

C.将股份用于员工持股计划或者股权激励

D.通过回购股票提高本公司股价

4.企业回购的股票可以满足（　　　）。

A.可转换债券的转换需要　　　　　B.认股权证的认股需要

C.经理人员股票期权计划的需要　　D.员工持股计划的需要

五、判断题

1.股票分割往往可以向证券市场传递公司经营状况良好、发展前景乐观的信息，有利于提高股东投资的积极性，从而提高股票价格。　　　　　　　　　　　　　　（　　）

2.股票分割后，股价降低，会给市场传递一种不良信号，不利于企业新股的发行。　　　　　　　　　　　　　　　　　　　　　　　　　　　　　　（　　）

3.拥有股份公司控制权的大股东为保证其控制权不会被分散，往往愿意通过股票回购的方式减少股票数量，以提高自身的持股比例。　　　　　　　　　　　　（　　）

案例与实训

一、案例分析

资料一：

山西太钢不锈钢股份有限公司2021年度权益分派实施公告
2022年6月22日

证券代码：000825　　　　　证券简称：太钢不锈　　　　　公告编号：2022-049

本公司及董事会全体成员保证信息披露内容的真实、准确和完整，没有虚假记载误导性陈述或重大遗漏。

山西太钢不锈钢股份有限公司2021年度权益分派方案已获2022年5月19日召开的2021年度股东大会审议通过，现将权益分派事宜公告如下：

1.股东大会审议通过利润分配及资本公积金转增股本方案等情况

（1）公司股东大会审议通过的分配方案以2021年年末总股本5 696 247 796股为基数，向全体股东每10股派送现金红利0.60元（含税），分配现金红利341 774 867.76元，占公司合并报表归属于母公司股东净利润的比例为5.42%。2021年11月已分配2021年前三季度利润3 338 001 208.45元，2021年度累计分配现金红利3 679 776 076.21元，占公司合并报表归属于母公司股东净利润的比例为58.32%。报告期内不实施资本公积金转增股本等其他形式的分配方案。

（2）公司于2022年6月17日披露了《关于限制性股票授予登记完成的公告》（公告编号：2022-044）。根据股权激励限制性股票的首次授予完成情况，公司总股本由5 696 247 796股增加至5 732 777 796股。按照股本总额发生变化，分配现金红利总额不变的原则，以现有股本 5 732 777 796 股为基数，向全体股东每 10 股派发现金红利 0.596176 元（含税）。

（3）本次实施分配方案距离股东大会审议通过的时间未超过两个月。

2.本次实施的利润分配及资本公积金转增股本方案

本公司 2021 年度权益分派方案为：以公司现有总股本 5 732 777 796 股为基数，向全体股东每 10 股派 0.596176 元（含税）。扣税后，通过深股通持有股份的我国香港市场投资者、QFII、RQFII 以及持有首发前限售股的个人和证券投资基金每 10 股派 0.536558 元；持有首发后限售股、股权激励限售股及无限售流通股的个人股息红利税实行差别化税率征收，本公司暂不扣缴个人所得税，待个人转让股票时，根据其持股期限计算应纳税额。特别注意，持有首发后限售股、股权激励限售股及无限售流通股的证券投资基金所涉红利税，对我国香港投资者持有基金份额部分按 10% 征收，对内地投资者持有基金份额部分实行差别化税率征收。

注意：根据先进先出的原则，以投资者证券账户为单位计算持股期限，持股 1 个月（含 1 个月）以内的，每 10 股补缴税款 0.119235 元；持股 1 个月以上至 1 年（含 1 年）的，每 10 股补缴税款 0.059618 元；持股超过 1 年的，不需补缴税款。

3.分红派息日期

本次权益分派股权登记日：2022 年 6 月 28 日；除权除息日：2022 年 6 月 29 日。

4.分红派息对象

本次分派对象为：截至 2022 年 6 月 28 日下午深圳证券交易所收市，在中国证券登记结算有限责任公司深圳分公司（以下简称"中国结算深圳分公司"）登记在册的本公司全体股东。

5.权益分派方法

（1）本公司此次委托中国结算深圳分公司代派的 A 股股东现金红利将于 2022 年 6 月 29 日通过股东托管证券公司（或其他托管机构）直接划入其资金账户。

（2）以下 A 股股东的现金红利由本公司自行派发：

序号	股东账号	股东名称
1	08*****637	太原钢铁（集团）有限公司
2	08*****797	山西国际电力集团有限公司

在权益分派业务申请期间（申请日 2022 年 6 月 20 日至登记日 2022 年 6 月 28 日），如因自派股东证券账户内股份减少而导致委托中国结算深圳分公司代派的现金红利不足的，一切法律责任与后果由我公司自行承担。

6.调整相关参数

（1）公司控股股东太原钢铁（集团）有限公司 2008 年 8 月 19 日承诺的"已解除限售的 167 882 520 股在股价低于 30 元时不在二级市场出售"，经 2008 年中期转增股本、2008 年度、2009 年度、2010 年度、2011 年度、2012 年度、2013 年度、2016 年度、2017 年度、2018 年度、2019 年度、2020 年度、2021 年第三季度及本次分红派息实施后，其限售价格调整为 18.308 元。

（2）本次权益分派实施后，公司 2021 年限制性股票激励计划所涉及的回购价格等将进行调整，届时公司将根据相关规定实施调整程序并履行信息披露义务。

7.有关咨询办法

咨询地址：山西太钢不锈钢股份有限公司证券与投资者关系管理部。

咨询联系人：张志君女士、周金晓先生。

咨询电话：0351-2137728；咨询传真：0351-2137729。

8.备查文件

（1）登记公司确认有关分红派息具体时间安排的文件；

（2）公司第八届董事会第二十三次会议决议；

（3）2021年度股东大会决议。

特此公告

山西太钢不锈钢股份有限公司董事会

二〇二二年六月二十一日

资料二：

山西太钢不锈钢股份有限公司2018—2021年收益及分配方案简要如下：

2021年，每股收益1.108元，每10股派发现金红利1.53元；

2020年，每股收益0.305元，每10股派发现金红利1.53元；

2019年，每股收益0.372元，每10股派发现金红利1元；

2018年，每股收益0.874元，每10股派发现金红利1元。

资料来源：山西太钢不锈钢股份有限公司董事会. 山西太钢不锈钢股份有限公司2021年度权益分派实施公告［EB/OL］.［2022-06-22］. https://paper.cnstock.com/html/2022-06/22/content.1629611.htm.

根据上述资料，分析讨论以下问题：

（1）根据案例提供的资料，并通过网络收集太钢不锈的相关信息，分析太钢不锈采用的是什么股利政策？这种股利政策对公司和投资者各有何利弊？

（2）根据资料分析，影响太钢不锈利润分配的主要因素有哪些？

二、实训项目

1.项目名称：股利政策。

2.实训目的：

（1）了解股利政策的种类及各自的优缺点；

（2）掌握影响企业股利政策的各有关因素；

（3）理解送股、配股、转增股、除息日、股权登记日等概念。

3.实训场景：模拟或实际的企业经营环境。

4.实训指导：

通过网络寻找你所感兴趣的上市公司，收集该公司近三年来的财务基础数据、现金资产数量、债务负担、未来投资项目、股利分配等相关资料。根据你所收集的资料分析：

（1）该公司实施的是什么股利政策？这样的股利政策对该公司有何有利和不利的影响？

（2）你认为决定公司采取该股利分配政策（方案）的主要影响因素有哪些？这些因

素是如何影响股利分配政策（方案）的制定的？

（3）你认为股利政策和股东财富有没有关系？若有，是什么关系？

5.实训报告：

实训后应完成实训报告，具体内容包括：通过网络收集上市公司的相关资料；对所收集的上市公司的相关资料进行分析，如企业盈利能力、现金资产数量、债务负担和外来投资项目与股利分配的关系等；和其他同学进行交流，了解其他上市公司的情况如何，其他同学的分析结论如何，并进行讨论；对股利政策与股东财富之间关系的论述；完成本次实训的心得和体会。

项目八

预算管理

任务一　预算管理概述

一、名词解释

1.预算

2.经营预算

3.专门决策预算

二、思考题

1.预算在企业管理中有哪些重要作用?

2.预算管理组织体系由哪些机构组成?

三、单项选择题

1.下列各项属于经营预算的是（　　　）。
  A.现金收支预算　　　　　　　　B.预计利润表
  C.销售及管理费用预算　　　　　D.固定资产投资预算

2.下列各项属于财务预算的是（　　　　）。

　　A.生产预算　　　　　B.现金预算　　　　　C.销售预算　　　　　D.直接人工预算

3.下列各项对企业预算管理工作负总责的组织是（　　　　）。

　　A.股东大会　　　　　B.董事会　　　　　C.监事会　　　　　D.财务部

4.下列各项可以反映企业预算期间财务状况的是（　　　　）。

　　A.销售预算　　　　　B.现金预算　　　　　C.预计利润表　　　　　D.预计资产负债表

5.企业预算的主要特征是（　　　　）。

　　A.数量化和表格化　　　　　　　　B.货币化和表格化

　　C.货币化和可执行性　　　　　　　D.数量化和可执行性

6.现代预算管理应以（　　　　）为导向。

　　A.战略　　　　　B.利润　　　　　C.成本　　　　　D.现金流

四、多项选择题

1.下列各项属于财务预算内容的有（　　　　）。

　　A.现金预算　　　　　　　　　　　B.预计利润表

　　C.预计资产负债表　　　　　　　　D.单位产品成本预算

2.下列各项关于财务预算的表述中，正确的有（　　　　）。

　　A.财务预算一般多为长期预算

　　B.财务预算又称为总预算

　　C.财务预算是全面预算体系的最后环节

　　D.财务预算主要包括现金预算、预计资产负债表和预计利润表

3.预算按业务活动领域分类可分为（　　　　）。

　　A.业务预算　　　　　B.财务预算　　　　　C.专门决策预算　　　　　D.短期预算

4.预算按覆盖的时间长短可分为（　　　　）。

　　A.业务预算　　　　　B.财务预算　　　　　C.长期预算　　　　　D.短期预算

五、判断题

1.企业财务管理部门负责企业预算的编制、执行、分析和考核等工作，并对预算执行结果承担直接责任。　　　　　　　　　　　　　　　　　　　　　（　　　）

2.专门决策预算主要反映项目投资与筹资计划，是企业不经常发生的、一次性的重要决策预算，也是编制现金预算的主要依据之一。　　　　　　　　　（　　　）

3.预算是以货币及其他数量形式反映的企业一定时期全部经营活动各项目标和行动计划与相应措施的数量说明。　　　　　　　　　　　　　　　　　（　　　）

4.企业财务预算就是全面预算，具有全员参与、全过程、全方位的"三全"管理特点。　　　　　　　　　　　　　　　　　　　　　　　　　　　　　（　　　）

任务二　预算编制方法

一、名词解释

1.弹性预算

2.零基预算

3.滚动预算

二、思考题

1.相较于固定预算法，弹性预算法有哪些优缺点？

2.相较于增量预算法，零基预算法有哪些优缺点？

三、单项选择题

1.预算编制方法按其业务量基础的数量特征的不同，可分为（　　　）。

　A.增量预算法和零基预算法　　　　　B.固定预算法和弹性预算法

　C.定期预算法和滚动预算法　　　　　D.概率预算法和不确定预算法

2.甲公司设备维修费为半变动成本，设备运行100小时的维修费为300元，运行150小时的维修费为360元，则设备运行时间为95小时的维修费为（   ）元。

    A.280   B.360   C.394   D.400

3.以预算期内正常的、可实现的某一业务量水平为基础编制预算的方法称为（   ）。

    A.固定预算法 B.增量预算法 C.定期预算法 D.滚动预算法

4.下列各项预算编制方法中，不受现有费用项目和现行预算影响的是（   ）。

    A.定期预算法 B.滚动预算法 C.零基预算法 D.弹性预算法

5.下列各项可能导致无效费用不能得到有效控制的是（   ）。

    A.增量预算   B.静态预算   C.固定预算   D.定期预算

6.随着预算的执行而不断地补充和完善，但始终保持一个固定预算期长度的预算编制方法称为（   ）。

    A.定期预算法 B.滚动预算法 C.零基预算法 D.弹性预算法

四、多项选择题

1.运用公式"$y = a + bx$"编制弹性预算，字母 x 所代表的业务量可能有（   ）。

    A.生产量   B.销售量   C.库存量   D.材料消耗量

2.弹性预算法下的公式法的优点包括（   ）。

    A.便于在一定范围内计算任何业务量的预算成本

    B.可比性和适应性强，工作量相对较小

    C.不必计算且较易找到与实际业务量相近的预算成本

    D.容易进行成本项目的分解

3.下列各项属于固定预算法缺点的有（   ）。

    A.适应性差   B.可比性差

    C.预算期与会计期间不一致   D.工作量大

4.下列各项属于零基预算法优点的有（   ）。

    A.不受现有费用项目的限制

    B.不受现行预算的约束

    C.能够调动各方节约费用的积极性

    D.有利于促进各基层单位精打细算，合理使用资金

5.下列各项适用于零基预算法编制预算的部门有（   ）。

    A.产品生产车间 B.研发部门   C.财务部门   D.人力资源部门

6.增量预算法遵循的假设有（   ）。

    A.企业现有业务活动是合理的，不需要进行调整

    B.企业现有各项业务的开支水平是合理的，且预算期内予以保持

    C.以现有业务活动的开支水平，确定预算期内各项活动的预算数

    D.各基层单位预算期内都能精打细算，合理使用资金

7.逐季滚动编制预算比逐月滚动编制预算（   ）。

A.工作量小 　　　B.精确度差 　　　C.工作量大 　　　D.精确度高

五、判断题

1.弹性预算法编制预算的准确性，在很大程度上取决于成本性态分析的可靠性。（　）

2.弹性预算主要适用于全面预算中与业务量有关的各种预算。（　）

3.零基预算法不受现有费用开支水平和费用项目的影响，能够调动各方节约费用的积极性。（　）

4.企业在编制零基预算时，需要以现有的费用水平为依据，但不以现有的费用项目为基础。（　）

5.混合滚动预算是指在预算编制过程中，同时以月份和季度作为预算的编制时间单位和滚动频率的预算方法。（　）

6.滚动预算的工作量较大，企业应用滚动预算法时，预算滚动的频率越高，对预算沟通的要求就越高，预算编制的工作量就越大。（　）

六、业务题

1.甲公司拟采用零基预算法编制预算期费用预算。管理部门根据企业经营目标和管理任务，在反复认真讨论的基础上，提出了预算年度将要发生的部分费用预算项目及其预计支出数额见表8-1。

表8-1　　　　　　　　　甲公司预计费用项目开支表　　　　　　　　单位：元

费用项目	开支金额
办公费	30 000
房租	50 000
保险费	10 000
职工培训费	40 000
专家咨询费	25 000
合　计	155 000

假设该公司可用于上述费用开支的资金来源仅有135 000元。经财务部门分析，办公费、房租、保险费为约束性固定成本，职工培训费和专家咨询费为酌量性固定成本，成本效益分析的结果分别为40%和60%。

要求：根据以上资料采用零基预算法为甲公司编制费用预算。

2.甲公司2023年制造费用预算明细项目如下：

（1）间接人工：基本工资为2 600元，另加每工时的津贴0.15元；

（2）物料费：每工时负担0.26元；

（3）折旧费：3 000元；

（4）维护费：当生产能量在3 000工时～5 000工时的相关范围内，基数为2 000元，另加每工时应负担的0.1元；

（5）水电费：基数为1 000元，另加每工时应负担的0.2元。

要求：根据上述资料利用列表法为该公司在生产能量为3 000工时～5 000工时的相关范围内，编制能够适应多种业务量的制造费用预算（间隔为500工时）。

任务三　预算编制程序

一、名词解释

1.销售预算

2.现金预算

3.直接材料预算

二、思考题

1.将制造费用预算分为变动制造费用预算和固定制造费用预算有何意义？

2.现金预算主要包括哪些内容？

三、单项选择题

1.企业全面预算编制的起点是（　　　）。
　　A.销售预算　　　　B.生产预算　　　　C.产品成本预算　　D.预计利润表
2.下列各项中，能够同时以实物量指标和价值量指标分别反映企业经营收入和相关现金收入的预算是（　　　）。
　　A.现金预算　　　B.销售预算　　　　C.生产预算　　　　D.产品成本预算
3.下列各项关于生产预算的表述中，错误的是（　　　）。
　　A.生产预算是一种业务预算
　　B.生产预算以销售预算为基础编制
　　C.生产预算不涉及实物量指标
　　D.生产预算是直接材料预算的编制依据
4.某公司每季度的销售收入中，本季度收回现金70%，另外的30%到下季度才能收回。若预算年度第四季度的预计销售收入为50 000元，则预计资产负债表年末"应收账款"项目金额为（　　　）元。
　　A.15 000　　　　B.21 000　　　　C.30 000　　　　D.50 000
5.某公司计划期第四季度的预计期初材料存量为1 000千克，当季生产需用量为3 000千克，预计期末材料存量为800千克，材料采购单价为10元/千克。每季度的材料采购款当季支付60%，次季支付40%，不考虑增值税的影响。该公司预计资产负债表年末"应付账款"项目金额为（　　　）元。
　　A.16 800　　　　B.11 200　　　　C.10 800　　　　D.10 200
6.下列各项可以作为专门决策预算的编制依据的是（　　　）。
　　A.销售预算　　　B.现金预算　　　　C.生产预算　　　　D.项目投资决策
7.某公司预计计划年度期初"应付账款"余额为100万元，1至3月份采购金额分别为300万元、500万元和700万元，各月份的采购款当月支付30%。该公司预计第一季度现金支出额为（　　　）元。

A.1 090　　　　　B.1 110　　　　　C.1 390　　　　　D.1 500

四、多项选择题

1.甲公司预计第一、二季度的销售额分别为1 200万元和1 500万元，预计销售当季收回货款的60%，下季收回货款的40%。预计年初"应收账款"余额为80万元，于第一季度全额收回，不考虑增值税因素。下列说法中正确的有（　　　）。

A.第一季度现金收入为480万元　　　B.第一季度现金收入为800万元

C.第二季度现金收入为900万元　　　D.第二季度现金收入为1 380万元

2.编制生产预算时，计算某种产品预计生产量应考虑的因素包括（　　　）。

A.预计材料采购量　　　　　　　　B.预计产品销售量

C.预计期初产品结存量　　　　　　D.预计期末产品结存量

3.某企业销售甲产品，预计第三季度各月的销售量分别为1 200件、1 500件和1 300件，该企业计划每月月末的存货量为下月预计销售量的20%。下列各项中正确的有（　　　）。

A.8月份期初存货量为300件　　　　B.9月份期初存货量为260件

C.8月份期末存货量为220件　　　　D.第三季度预计销售量为4 000件

4.产品成本预算为（　　　）的汇总。

A.生产预算　　　B.制造费用预算　　　C.直接材料预算　　　D.直接人工预算

5.编制资产负债表时，能够直接为"存货"项目年末余额提供数据来源的预算有（　　　）。

A.生产预算　　　B.销售预算　　　C.直接材料预算　　　D.产品成本预算

6.现金预算包括的内容有（　　　）。

A.期初现金余额　　B.期末现金余额　　C.当期现金支出　　D.当期现金收入

7.下列各项能够对预计资产负债表产生影响的有（　　　）。

A.产品成本预算　　B.销售预算　　　C.直接材料预算　　　D.销售费用预算

五、判断题

1.销售预算中，通常还列示销售产生的现金收入，以便为编制预计利润表提供必要的资料。　　　　　　　　　　　　　　　　　　　　　　　　　　　　　　　（　　　）

2.生产预算是规定预算期内有关产品产量、产值和品种结构的一种预算。（　　　）

3.编制产品成本预算及期末存货成本预算的依据是销售预算、生产预算、直接材料预算、直接人工预算和制造费用预算等。　　　　　　　　　　　　　　　　　（　　　）

4.预计利润表的编制依据是经营预算、专门决策预算和现金预算，同时预计利润表也是编制预计资产负债表的重要依据。　　　　　　　　　　　　　　　　　　（　　　）

5.管理费用多属于固定成本，因此，管理费用预算一般是以过去的实际开支为基础，按预算期的可预见变化进行调整的。　　　　　　　　　　　　　　　　　　（　　　）

6.专门决策预算通常与长期决策有关，其往往涉及长期建设项目的资金投放与筹集，并经常跨越多个会计年度。　　　　　　　　　　　　　　　　　　　　　（　　　）

六、业务题

1.J公司预算期内只生产销售甲产品，其销售单价为100元/件，每季度的销售货款当季收回70%，剩余的下季收讫。上年年末公司的"应收账款"余额为30 000元，预算期内预计销售量为5 000件，其中第一季度1 100件、第二季度1 300件、第三季度1 200件、第四季度1 400件。

要求：根据上述资料编制J公司的年度销售预算，计算填列表8-2中字母的数值，并列示计算过程。

表8-2　　　　　　　　　　J公司年度销售预算表　　　　　　　　金额单位：元

项　　目	第一季度	第二季度	第三季度	第四季度	合　　计
预计销售量（件）	1 100	1 300	1 200	1 400	5 000
单位售价	100	100	100	100	
预计销售收入	110 000	130 000	120 000	140 000	500 000
上年应收账款	30 000				30 000
第一季度销售收入	77 000	33 000			110 000
第二季度销售收入		B	39 000		130 000
第三季度销售收入			84 000	C	120 000
第四季度销售收入				98 000	98 000
现金收入合计	A	124 000	123 000	134 000	D

2.N公司甲产品2023年度销售量预测结果如下：第一季度5 000件，第二季度5 500件，第三季度6 000件，第四季度7 000件。若甲产品每季度的期末结存量为下一季度预计销售量的10%，年初结存量为600件，年末结存量为450件，单位产品的工时定额为6小时，单位工时的工资额为0.8元。

要求：根据以上资料编制N公司2023年度甲产品生产预算和直接人工预算，具体见表8-3和表8-4。

表8-3   N公司2023年度生产预算表

项 目	第一季度	第二季度	第三季度	第四季度	合 计
预计销售量（件）					
加：预计期末结存（件）					
预计需要量（件）					
减：预计期初结存（件）					
预计生产量（件）					

表8-4   N公司2023年度直接人工预算表

项 目	第一季度	第二季度	第三季度	第四季度	合 计
预计生产量（件）					
单耗工时（小时/件）					
直接人工工时（小时）					
单位工时工资率（元/小时）					
预计直接人工成本（元）					

3.沿用上述第2题，若N公司甲产品材料消耗定额为2千克/件，每季度材料的期末结存量为下一季度预计生产需要量的10%，年初结存量为1 000千克，年末结存量为1 200千克，计划单价为10元/千克。假定每季度的材料款当季支付70%，其余下季付清，期初应付账款为20 000元。

要求：根据以上资料编制N公司2023年度直接材料预算见表8-5。

表8-5   N公司2023年度直接材料预算表   金额单位：元

项 目	第一季度	第二季度	第三季度	第四季度	合 计
预计生产量（件）					
材料定额单耗（千克/件）					
预计生产需要量（千克）					
加：期末结存量（千克）					

续表

项　目	第一季度	第二季度	第三季度	第四季度	合　计
减：期初结存量（千克）					
预计材料采购量（千克）					
材料计划单价					
预计材料采购金额					
应付账款期初余额					
第一季度采购成本					
第二季度采购成本					
第三季度采购成本					
第四季度采购成本					
现金支出合计					

4.M公司预计2023年6月月初现金余额为8 000元；月初应收账款为4 000元，预计月内可收回80%；本月销货50 000元，预计月内收款比例为50%；本月采购材料10 000元，预计月内付款70%；月初应付账款余额5 000元需在月内全部付清；月内以现金支付工资8 500元；本月制造费用等间接费用付现8 900元；本月其他经营性现金支出500元；本月购买设备支付现金6 000元。M公司现金不足时，可向银行借款，借款金额为1 000元的倍数；现金多余时，可购买有价证券，要求月末现金余额不得低于5 000元。

要求：

（1）计算经营现金收入。

（2）计算经营现金支出。

（3）计算现金余缺。

（4）确定最佳资金筹措或运用数额。

（5）确定月末现金余额。

任务四　预算执行与考核

一、名词解释

1.预算执行

2.预算调整

3.预算考核

二、思考题

1.预算在什么情况下可以调整?

2.企业预算考核应注意哪些事项?

三、单项选择题

1.企业应当建立预算分析制度,由(　　　)定期召开预算执行分析会议,全面掌握预算执行情况,研究解决预算执行中存在的问题,纠正预算的执行偏差。

A.董事会　　　　　　　　　　　B.经理办公会

C.财务部门　　　　　　　　　　D.预算管理委员会

2.(　　　)应定期组织预算审计,纠正预算执行中存在的问题,充分发挥内部审计的监督作用,维护预算管理的严肃性。

A.董事会　　　　　　　　　　　B.经理办公会

C.财务部门　　　　　　　　　　D.预算管理委员会

3.预算考核的具体对象是(　　　)。

A.各预算执行单位以及各执行单位的管理团队和员工

B.各预算执行单位以及各执行单位的管理团队

C.各预算执行单位的管理团队和负责人

D.各预算执行单位的管理团队负责人和员工

4.下列各项中,不符合企业进行预算调整事项决策应当遵循的要求的是(　　　)。

A.预算调整事项不能偏离企业发展战略

B.预算调整方案应当在技术上具有先进性

C.预算调整方案应当在经济上能够实现最优化

D.预算调整重点应当放在预算执行中出现的重要的、非正常的、不符合常规的关键性差异方面

四、多项选择题

1.预算审批一般包括(　　　)。

A.预算内审批　　　　　　　　　B.预算外审批

C.预算调整审批　　　　　　　　D.超预算审批

2.下列各项关于预算调整要求的表述中，正确的有（　　　）。

　　A.预算调整方案应当在经济上能够实现最优化

　　B.预算调整事项不能偏离企业发展战略

　　C.由于客观因素导致预算执行结果发生重大差异确需调整预算的，可以调整预算

　　D.预算执行部门可以制订预算调整方案并组织执行，报预算管理委员会备案

3.预算控制一般包括（　　　）。

　　A.事前控制　　　　　　　　　　　B.事中控制

　　C.事后控制　　　　　　　　　　　D.预防性控制

4.在预算执行过程中，可能导致预算调整事项的情形有（　　　）。

　　A.主要产品市场需求大幅度下降

　　B."营改增"导致公司税负大幅度下降

　　C.原材料价格大幅度上涨

　　D.公司进行重点资产重组

五、判断题

1.企业正式下达执行的预算，执行部门一般可以调整。　　　　　　　　　（　　）

2.企业在预算执行中由于市场环境、经营条件、政策法规等发生重大变化，将导致预算执行结果产生重大偏差时，由预算执行部门提出申请，经逐级审批后方可调整预算。　　　　　　　　　　　　　　　　　　　　　　　　　　　　　　　（　　）

3.预算考核侧重对财务指标的考核，是企业绩效考核的重要组成部分。（　　）

4.企业财务管理部门应当利用报表监控预算执行情况，及时提供预算执行进度、执行差异及其对企业预算目标的影响等财务信息，促进企业完成预算目标。（　　）

案例与实训

一、案例分析

K集团公司于2000年开始推行预算管理，预算管理主要由预算编制、预算执行、预算分析和考核等环节构成。预算管理贯穿于企业整个生产经营活动，对管理的各个层面、各个环节及总体目标进行系列、统一的规划和控制。K集团公司按其生产经营的内容和层次将预算划分为经营预算、资本支出预算和财务预算三个部分。在预算编制过程中，按照预算管理的对象又将预算分为总预算、分预算和专项预算三个部分。为了比较准确地编制未来年度的预算，一般是在每年的10月月初开始对未来年度的情况进行广泛的调查研究和预测，尤其是对经营预算中销售、生产、采购、设备和资源的平衡配置等相关情况的了解，对专门决策预算中投资项目对生产经营的影响、对集团损益的影响的了解。K集团公司预算编制采取先"自上而下"，再"自下而上"，后"上下结合"的流程。K集团公司根据其战略目标、经营计划，先确定预算目标，包括一些关键性指标，再将这些指标分解到各成员企业和职能部门，由各预算执行单位编制预算草案，将

预算草案上报集团预算管理办公室加以汇总、协调、调整，形成预算方案，经预算管理委员会审议后报董事会审批，经董事会审批通过的预算方案方可下达给成员企业和有关职能部门执行。

根据上述资料，分析讨论以下问题：

（1）总结 K 集团公司预算管理的内容、预算的种类、预算的编制流程。

（2）K 集团公司全面预算管理的特点是什么？

二、实训项目

1.项目名称：预算编制。

2.实训目的：

（1）熟练掌握业务预算、专门决策预算和现金预算编制的基本原理；

（2）加深对预算编制方法的理解；

（3）提高预算管理能力和决策分析能力。

3.实训场景：模拟或实际的企业经营环境。

4.实训指导：

根据以下资料按照预算编制流程，依次编制该公司的经营预算和现金预算。具体实训资料如下：

某公司生产和销售 A 产品，计划编制 2023 年度预算。经预测，该公司 2023 年度预计销售及其他业务资料如下：

（1）各季度预计销售量分别为 3 000 件、3 000 件、3 600 件和 3 500 件，单位售价为 50 元/件。每季度销售收入的 80% 于当季收回，其余于下季收回。2023 年年初应收账款余额为 30 000 元。

（2）预计 2023 年年初 A 产品存货量为 180 件，年末 A 产品存货量为 200 件。各季度 A 产品期末存货量按下季度销售量的 10% 计算。

（3）预计 2023 年年初材料库存量为 860 千克，年末材料库存量为 900 千克。各季度期末材料库存量按下季度材料耗用量的 20% 计算。单位产品耗用量为 2 千克/件，单位采购成本为 5 元/千克。

（4）每季度采购材料款的 50% 于当季支付，其余于下季支付。2023 年年初应付账款余额为 10 000 元。

（5）A 产品的单位直接人工工时为 5 小时/件，小时工资率为 3 元/小时。

（6）变动制造费用按直接人工工时分摊，预计小时费用分配率为 1 元/小时。固定制造费用预计每季度为 20 000 元，其中的折旧为 5 000 元。

（7）销售及管理费用变动部分按预计销售量分摊，预计单位变动费用为 3 元/件；固定部分每季度为 15 000 元。所有销售及管理费用均以现金支付。

（8）预计 2023 年第一季度购买三台电脑需支付 20 000 元，预计每季度缴纳所得税 2 500 元，预计每季度向股东支付利润 2 000 元。

（9）该公司 2023 年年初现金余额为 8 500 元，预计 2023 年度各季季末最低现金余额为 10 000 元，现金不足则向银行借款，现金多余则归还借款并支付利息（年利率为 10%）。

5.实训报告：

实训后应完成实训报告，具体内容包括：根据上述资料编制该公司2023年度销售预算、生产预算、直接材料预算、直接人工预算、制造费用预算、产品成本预算、销售及管理费用预算、现金预算等；通过以上预算编制实训，提出预算编制流程设计、各项预算编制过程改进等方面的意见或建议。

项目九

成本控制

任务一　责任成本控制

一、名词解释

1.责任中心

2.成本中心

3.剩余收益

二、思考题

1.什么是责任成本？责任成本与产品成本有何区别？

2.投资利润率与剩余收益在评价投资中心业绩上有何不同？

三、单项选择题

1.A公司某部门的有关数据为：销售收入50 000元，已销产品的变动成本和变动销售费用30 000元，可控固定成本2 500元，不可控固定成本3 000元。那么，该部门利润中主要负责人的可控利润为（　　　）元。

A.20 000　　　　　B.17 500　　　　　C.14 500　　　　　D.10 750

2.对成本中心而言，下列各项不属于该责任中心特点的是（　　　）。

A.只对直接成本进行控制　　　　　B.只对本中心的可控成本负责

C.只对责任成本进行控制　　　　　D.只考核本中心的责任成本

3.投资中心的主要考核指标中，能够使个别投资中心的利益与整个企业的利益统一起来的指标是（　　　）。

A.投资报酬率　　　B.可控成本　　　C.利润总额　　　D.剩余收益

4.某车间为成本中心，主要生产甲产品，预算产量5 000件，单位成本200元/件，实际产量6 000件，单位成本195元/件，则预算成本节约率为（　　　）。

A.17%　　　　　B.-2.5%　　　　　C.2.5%　　　　　D.6%

5.某企业当年的息税前利润为150万元，总资产占用额为800万元，预期的最低总资产息税前利润率为15%，则剩余收益为（　　　）万元。

A.20　　　　　B.15　　　　　C.3　　　　　D.30

6.某投资中心的投资额为100 000元，最低投资报酬率为20%，剩余收益为10 000元，则该投资中心的投资报酬率为（　　　）。

A.10%　　　　　B.20%　　　　　C.30%　　　　　D.60%

7.下列各项不属于影响剩余收益的因素的是（　　　）。

A.营业利润

B.平均营业资产

C.规定或预期的最低投资报酬率　　　D.利润留存比率

8.不论利润中心是否计算共同成本或不可控成本，都必须考核的指标是（　　　）。

A.该中心剩余收益　　　　　B.该中心边际贡献

C.该中心可控利润总额　　　　　D.该中心负责人可控利润

9.甲利润中心常年向乙利润中心提供劳务，假定今年使用的内部结算价格比去年有所提高，在其他条件不变的情况下，下列说法中正确的是（　　　）。

A.乙中心取得了更多的内部利润　　　B.甲中心因此而减少了内部利润

C.企业的总利润有所增加　　　　　D.企业的总利润没有变化

四、多项选择题

1.下列表述属于自然利润中心特征的有（　　　）。

A.直接面对市场　　　　　B.具有部分经营权

C.通常只计算可控成本　　　　　D.对外销售产品而取得收入

2.下列各项属于投资中心主要考核指标的有（　　　）。

A.可控成本　　　B.收入和利润　　　C.投资利润率　　　D.剩余收益

3.责任中心之间进行内部结算和责任成本结转所使用的内部转移价格包括（　　　）。

A.市场价格　　　B.协商价格　　　C.双重价格　　　D.成本价格

4.当采用双重协商价格时，可能出现的情况有（　　　）。

A.供应方采用最高市价　　　　　B.购买方采用最低市价

C.供应方按市场价格或议价计价　　　D.购买方按对方的单位变动成本计价

5.成本中心的业绩，可以通过（　　　）来考核。

    A.责任成本降低额   B.标准成本降低额

    C.责任成本降低率   D.变动成本降低额

6.下列各项属于可控成本必须同时具备的条件的有（　　　）。

    A.该成本的发生是成本中心可以预见的

    B.该成本是成本中心可以计量的

    C.该成本是成本中心可以调节的

    D.该成本是成本中心可以控制的

7.下列各项关于投资中心特点的表述中，正确的有（　　　）。

    A.能够对投入的资金进行控制   B.具有投资决策权

    C.所处的责任层次最高   D.承担最大的责任

8.责任成本是成本中心考核和控制的主要指标，下列各项关于其构成的表述中，不正确的有（　　　）。

    A.责任成本是产品成本之和   B.责任成本是固定成本之和

    C.责任成本是上级部门责任成本之和   D.责任成本是可控成本之和

9.下列各项关于可控成本的表述中，不正确的有（　　　）。

    A.高层次责任中心的不可控成本，对于较低层次的责任中心来说，一定是不可控的

    B.低层次责任中心的不可控成本，对于较高层次的责任中心来说，一定是可控的

    C.某一责任中心的不可控成本，对于另一责任中心来说则可能是可控的

    D.某些从短期看属于不可控的成本，从较长的期间看，也一定是不可控成本

10.下列各项关于内部转移价格的表述中，不正确的有（　　　）。

    A.市场价格一般适用于企业内部的成本中心

    B.协商价格一般适用于分权程度较高的企业

    C.成本价格一般适用于企业内部的利润中心

    D.双重价格是为激励交易双方而分别采用的对双方均有利的价格

五、判断题

1.因为企业内部的个人不能构成责任实体，所以个人也不能作为责任中心。（　　　）

2.对一个企业而言，变动成本、直接成本和间接成本大多是可控成本，而固定成本大多是不可控成本。（　　　）

3.在其他因素不变的条件下，一个投资中心剩余收益的大小与企业投资人要求的最低报酬率成反向变动。（　　　）

4.利润中心必然是成本中心，投资中心必然是利润中心，所以投资中心首先是成本中心，但利润中心不一定都是投资中心。（　　　）

5.为了便于评价、考核各责任中心的业绩，对于某一责任中心提供给另一责任中心的产品，其供应方和使用方所采用的转移价格可以不同。（　　　）

6.引起个别投资中心的投资利润率提高的投资，不一定会使整个企业的投资利润率提高；但引起个别投资中心的剩余收益增加的投资，则一定会使整个企业的剩余收益增加。 （ ）

7.只要制定出合理的内部转移价格，就可以将企业大多数生产半成品或提供劳务的成本中心改造成自然利润中心。 （ ）

8.以市场价格为基础的内部转移价格，就是直接按市场价格结算。 （ ）

9.同一成本项目，对于某一部门来说是可控的，而对于另一部门来说则可能是不可控的。也就是说，成本的可控与否是相对的，而不是绝对的。 （ ）

10.可控边际贡献衡量了部门经理有效运用其控制下的资源的能力，是评价利润中心管理者业绩的理想指标。 （ ）

六、业务题

1.某集团公司下设A、B两个投资中心。A投资中心的平均营业资产为300万元，投资报酬率为12%；B投资中心的投资报酬率为15%，剩余收益为8万元。该集团公司要求的最低投资报酬率为10%。该集团公司决定投资200万元，若投向A投资中心，每年增加息税前利润40万元；若投向B投资中心，每年增加息税前利润30万元。

要求：

（1）计算追加投资前A投资中心的剩余收益。

（2）计算追加投资前B投资中心的投资额。

（3）计算追加投资前该集团公司的投资报酬率。

（4）若A投资中心接受追加投资，计算其投资利润率和剩余收益，以及该集团公司的投资报酬率。

（5）若B投资中心接受追加投资，计算其投资利润率和剩余收益，以及该集团公司的投资报酬率。

2.E集团公司下设的B分公司，当年实现销售收入5 000万元，变动成本率为70%，固定成本为800万元，其中的折旧费用为200万元。

（1）若B分公司为利润中心，固定成本中的折旧费用是由E集团公司分摊给该利润中心的，属于该利润中心的不可控成本，其余固定成本均为该利润中心的可控成本。

要求：

① 计算该利润中心的边际贡献。

② 计算该利润中心负责人的可控利润。

③ 计算该利润中心的可控利润。

（2）若B分公司为投资中心，其所占用的平均营业资产为4 000万元，要求的最低投资报酬率为11%，适用的所得税税率为25%。

要求：

① 计算该投资中心的投资报酬率。

② 计算该投资中心的剩余收益。

任务二　标准成本控制

一、名词解释

1.成本控制

2.标准成本

3.制造费用分配率

二、思考题

1.标准成本有哪几种类型？各有什么特点？

2.产品直接材料成本差异形成的主要原因有哪些？

三、单项选择题

1.在标准成本控制中，成本总差异的计算公式是（　　　）。

  A.实际产量下实际成本 – 实际产量下标准成本

  B.实际产量下实际成本 – 标准产量下标准成本

C.实际产量下实际成本－预算产量下标准成本

D.预算产量下实际成本－预算产量下标准成本

2.下列各项属于生产部门可控成本的是（　　）。

　　A.大修理期间的停工损失　　　　　　B.劣质材料造成的报废损失

　　C.加工不当造成的报废损失　　　　　D.原材料的价格上涨

3.直接人工效率差异的责任部门一般应是（　　）。

　　A.采购部门　　　　B.生产部门　　　　C.销售部门　　　　D.人力资源部门

4.利用两差异分析法，固定制造费用的能量差异为（　　）。

　　A.利用预算产量下标准工时与实际产量下实际工时的差额，乘以固定制造费用标准分配率

　　B.利用预算产量下标准工时与实际产量下标准工时的差额，乘以固定制造费用标准分配率

　　C.利用实际产量下实际工时与实际产量下标准工时的差额，乘以固定制造费用标准分配率

　　D.利用实际制造费用减去预算产量下标准工时乘以固定制造费用标准分配率

5.某公司甲产品的变动制造费用标准分配率为5元/小时，实际产量为100件，实际工时为250小时，实际发生的变动制造费用为1 000元，则变动制造费用耗费差异为（　　）元。

　　A.150　　　　　B.200　　　　　C.250　　　　　D.－250

6.以资源无浪费、设备无故障、产出无废品、工时都有效的假设前提为依据而制定的标准成本是（　　）。

　　A.基本标准成本　　B.正常标准成本　　C.理想标准成本　　D.现行标准成本

7.三差异分析法下，固定制造费用的能量差异被分解为（　　）。

　　A.价格差异和产量差异　　　　　　B.耗费差异和效率差异

　　C.产量差异和效率差异　　　　　　D.耗费差异和能量差异

8.某公司生产销售甲产品，当月预算产量1 000件，材料标准用量5千克/件，材料标准单价2元/千克；当月实际产量1 200件，实际购买并耗用材料5 800千克，材料实际单价2.2元/千克。当月直接材料数量差异为（　　）元。

　　A.1 760　　　　B.1 600　　　　C.－400　　　　D.－440

四、多项选择题

1.产品的标准成本等于（　　）之和。

　　A.直接材料标准成本　　　　　　B.直接人工标准成本

　　C.变动制造费用标准成本　　　　D.固定制造费用标准成本

2.导致直接材料用量差异的原因主要有（　　）。

　　A.产品设计或工艺变更　　　　　B.材料质量状况

　　C.生产工人技术状况　　　　　　D.人力资源部门工资制度

3.下列各项属于直接人工工资率差异的形成原因的有（　　　）。

A.工人技术状况的好坏　　　　　　B.工作环境和设备条件的好坏

C.工资制度的变动　　　　　　　　D.加班或临时工的增减

4.在进行成本差异分析时，通常将成本差异分为价格差异和用量差异。下列各项属于用量差异的有（　　　）。

A.直接材料用量差异　　　　　　　B.直接人工效率差异

C.变动制造费用耗费差异　　　　　D.固定制造费用能量差异

5.责任成本的特点有（　　　）。

A.确定责任成本的目的是控制成本　B.责任成本都是可控成本

C.责任成本的计算对象是各责任中心　D.责任成本都是变动成本

五、判断题

1.标准成本是在正常的生产技术条件下，企业应达到的最先进的产品成本水平。
（　　　）

2.正常标准成本需要经过努力得以达到，从数额上看，其应当大于理想标准成本。
（　　　）

3.企业采用标准成本法有利于揭示成本差异动因，实施成本控制，评价成本管理业绩。（　　　）

4.在材料成本差异分析中，价格差异总金额是根据单价偏差乘以"实际"用量计算的；而用量差异总金额是根据单耗偏差乘以"标准"价格计算的。（　　　）

5.作为变动制造费用的用量标准必须是直接人工工时。（　　　）

6.有利差异是指因实际成本低于标准成本而形成的节约差，因此，有利差异越大越好。（　　　）

六、业务题

某企业C产品的本月成本资料如下：

（1）单位产品标准成本见表9-1。

表9-1　　　　　　　　　　　　C产品标准成本卡

成本项目	用量标准	价格标准	单位标准成本
直接材料	50千克	9元/千克	450元
直接人工	A	4元/小时	B
变动制造费用	C	D	135元
固定制造费用	E	F	100元
合　计			845元

该企业 C 产品预算产量的标准工时为 1 000 小时，制造费用均按人工工时分配。

（2）本月实际产量 20 件，实际耗用材料 900 千克，实际人工工时 950 小时，实际成本见表 9-2。

表9-2　　　　　　　　　　　　C产品成本表　　　　　　　　　　　　单位：元

项　目	金　额
直接材料	9 000
直接人工	3 325
变动制造费用	2 375
固定制造费用	2 850
合　计	17 550

要求：

（1）计算填列表9-1标准成本卡中用字母表示的数据。

（2）计算本月产品成本差异总额。

（3）计算分析直接材料价格差异和用量差异。

（4）计算分析直接人工效率差异和工资率差异。

（5）计算分析变动制造费用耗费差异和效率差异。

（6）分别采用两差异分析法和三差异分析法计算分析固定制造费用成本差异。

案例与实训

一、案例分析

丰田汽车公司是如何在产品设计阶段实现目标成本的？其主要举措包括两项核心内容：

一是计算成本差距。将目标成本与公司目前的相关产品成本（即在现有技术等水准下，不积极从事降低成本活动会产生的成本）相比较，从而确定成本差距。这一成本差距即为成本规划的目标，其需要通过设计活动以降低成本的目标值。

二是采用跨部门团队方式，利用价值工程法寻求最佳产品设计组合。以产品经理为主导，结合各相关部门的人员加入产品开发计划，组成跨职能的成本规划委员会。随后，各设计部门根据产品规划书，设计出产品原型，并结合原型把成本降低的目标分解到各产品构件上。如果成本的降低能够达到目标成本要求，就可转入基本设计阶段，否则还需运用价值工程法重新加以调整，以达到目标成本要求。进入基本设计阶段，需要运用同样的方法以挤压成本，再转入详细设计，最后进入工序设计。在工序设计阶段，成本降低额达到后，挤压便暂告一段落，可以转向试生产。试生产阶段是对前期成本规划与管理工作的分析和评价，其主要是解决可能的潜在问题。一旦在试生产阶段发现产品成本超过目标成本要求，就需要重新返回设计阶段，运用价值工程法进行再设计。只有在目标成本实现的前提下，产品才能进入最后的生产阶段。

资料来源：中国海洋石油集团有限公司. 中国海油：全力推进降本提质增效开新局［EB/OL］.［2022-07-15］. http://www.sasac.gov.cn/n2588025/n2588124/c25523083/content.html.

根据上述资料，分析讨论以下问题：

（1）本案例涉及的成本管理方法主要有哪些？

（2）查阅有关资料，学习了解这些方法。

二、实训项目

1.项目名称：财务控制。

2.实训目的：

熟练掌握预算编制的程序与方法，加深对投资利润率和剩余收益指标的理解，提高财务控制职业技能。具体实训目标如下：

（1）理解投资中心在企业中的重要地位及绩效考核的重要意义；

（2）明确不同的绩效评价指标选择，对公司整体业绩产生的不同影响；

（3）掌握投资利润率和剩余收益指标的计算及其优缺点；

（4）通过剩余收益指标的学习，以及网络等渠道拓展学习EVA考核的相关知识。

3.实训场景：模拟或实际的企业经营环境。

4.实训指导：

某公司下设甲、乙两个投资中心，其有关资料见表9-3。

表9-3　　　　　　　　　　　　甲、乙投资中心资料表　　　　　　　　　金额单位：万元

项　目	甲中心	乙中心	总公司
息税前利润	10	45	55
总资产平均占用额	200	300	500
总公司规定的投资利润率	—	—	10%
投资利润率	5%	15%	11%
剩余收益	-10	15	5

现有两个追加投资的方案可供选择：第一，若甲中心追加投入100万元经营资产，每年将增加8万元息税前利润；第二，若乙中心追加投入200万元经营资产，每年将增加29万元息税前利润。假定资金供应有保证，剩余资金无法用于其他方面，暂不考虑剩余资金的机会成本。

根据上述资料完成以下实训任务：

（1）列表计算甲中心追加投资后各中心的投资利润率和剩余收益指标及总公司新的投资利润率和剩余收益指标。

（2）列表计算乙中心追加投资后各中心的投资利润率和剩余收益指标及总公司新的投资利润率和剩余收益指标。

（3）根据总资产息税前利润率指标，分别从甲、乙中心和总公司的角度评价上述追加投资方案的可行性，并据此评价该指标。

（4）根据剩余收益指标，分别从甲、乙中心和总公司的角度评价上述追加投资方案的可行性，并据此评价该指标。

5.实训报告：

实训后应完成实训报告，具体内容包括：追加投资后，甲、乙中心及总公司的投资利润率和剩余收益指标的计算列表；追加投资的可行性分析；对投资收益率和剩余收益指标的评价。

项目十

财务分析

任务一   财务分析概述

一、名词解释

1.财务分析

2.企业风险

二、思考题

1.不同报表使用者财务分析的目的有何区别?

2.财务分析有什么意义?

三、单项选择题

1.资产负债表中的资产是按照（   ）顺序排列的。
   A.重要性   B.流动性   C.资产来源   D.资产用途

2.利润表中的利息费用不包括（   ）。
   A.短期借款的利息   B.达不到资本化条件的长期借款利息
   C.带息票据的利息   D.资本化利息

3.下列各项不属于企业财务分析的基本内容的是（   ）。
   A.偿债能力分析   B.营运能力分析
   C.设备完好率分析   D.盈利能力分析

4.财务分析的最终目标是（　　）。

　　A.披露企业经营状况　　　　　　　　B.促进企业价值最大化

　　C.为经济决策提供依据　　　　　　　D.揭示企业盈利能力

四、多项选择题

1.财务分析的依据包括（　　）。

　　A.财务报表　　　　B.财务状况说明书　　C.日常核算资料　　　D.其他经济资料

2.资产负债表提供的财务信息有（　　）。

　　A.资产结构　　　　B.资产流动性　　　　C.资金来源状况　　　D.获利水平

3.企业财务分析的基本内容包括（　　）。

　　A.偿债能力分析　　B.营运能力分析　　　C.发展能力分析　　　D.盈利能力分析

五、判断题

1.经营者财务分析的目的是了解企业各方面的财务状况。　　　　　　　　（　　）

2.企业投资者在进行财务分析时，最关心的是企业是否有足够的支付能力，以保证其债务本息能够及时、足额地偿还。　　　　　　　　　　　　　　　　　（　　）

任务二　财务分析的方法

一、名词解释

1.效率比率

2.趋势分析法

3.环比动态比率

二、思考题

1.因素分析法与比率分析法的区别是什么?

2.比较分析法按比较内容可以分为哪几种?

三、单项选择题

1.下列各项属于效率比率的是（　　　）。
　A.流动比率　　　　　　　　　B.净资产收益率
　C.资产负债率　　　　　　　　D.流动资产占全部资产的比重
2.定基动态比率是报告期的指标数值与（　　　）的指标数值之比。
　A.本期　　　　　B.前期　　　　　C.计划期　　　　　D.第一期

四、多项选择题

1.运用因素分析法时，应注意（　　　）。
　A.因素分解的相关性　　　　　B.因素替代的顺序性
　C.因素替代无固定顺序　　　　D.替代计算的连环性
2.趋势分析法的主要形式有（　　　）。
　A.比较财务报表　　B.比率分析法　　C.比较财务指标　　D.比较财务比率
3.下列可以用于财务分析的方法有（　　　）。
　A.结构分析法　　B.比率分析法　　C.趋势分析法　　D.因素分析法
4.运用比较分析法时，对比指标的（　　　）必须保持一致。
　A.核算内容　　　B.核算范围　　　C.计量单位　　　D.核算时间

五、判断题

1.比率分析法的优点是计算简便，但其不足之处是无法进行不同行业之间的比较分析。　　　　　　　　　　　　　　　　　　　　　　　　　（　　　）
2.相关比率是指某项经济指标的各个组成部分与总体的比率。　　（　　　）
3.比较分析法使用的财务指标可以是不同时间范围内的相同指标。（　　　）

任务三 财务效率分析

一、名词解释

1.偿债能力

2.营运能力

3.发展能力

二、思考题

1.偿债能力分析对企业有什么重要性?

2.分析存货周转率应注意哪些问题?

三、单项选择题

1.下列各项财务比率反映企业短期偿债能力的是（　　　）。
   A.存货周转率　　　B.资产负债率　　　C.速动比率　　　　　D.利息保障倍数
2.下列各项经济业务不会影响流动比率的是（　　　）。

A.赊购原材料   B.用现金购买短期债券

C.用存货对外进行长期投资   D.向银行借款

3.下列各项经济业务会影响资产负债率的是（   ）。

A.以固定资产对外进行长期股权投资

B.收回应收账款

C.接受投资者以固定资产进行的投资

D.用现金购买股票

4.在其他条件不变的情况下，如果企业过度提高现金流动负债比率，可能导致的结果是（   ）。

A.财务风险加大   B.获利能力提高

C.营运效率提高   D.机会成本增加

5.如果企业速动比率很小，下列各项结论成立的是（   ）。

A.企业流动资产占用过多   B.企业短期偿债能力很强

C.企业短期偿债风险很大   D.企业资产流动性很强

6.权益乘数表示企业的负债程度，权益乘数越低，企业的负债程度（   ）。

A.越高   B.越低   C.不确定   D.为零

7.产权比率与权益乘数的关系是（   ）。

A.产权比率 × 权益乘数 = 1

B.权益乘数 = 1 ÷（1 − 产权比率）

C.权益乘数 = 1 ÷（1 − 产权比率）÷ 产权比率

D.权益乘数 = 1 + 产权比率

8.评价企业财务结构是否稳健的指标是（   ）。

A.速动比率   B.流动比率

C.现金流动负债比率   D.产权比率

9.在计算已获利息倍数时，分母的"利息支出"指的是（   ）。

A.财务费用中的利息费用   B.全部财务费用

C.本期发生的全部利息支出   D.计入固定资产的资本化利息

10.某公司年末会计报表上的部分数据为：流动负债为60万元，流动比率为2，速动比率为1.2，销售成本为100万元，年初存货为52万元，则本年度存货周转次数为（   ）次。

A.1.65   B.2   C.2.3   D.1.45

11.某企业营业收入净额为180万元，年初、年末流动资产余额分别为80万元和90万元，则流动资产周转天数为（   ）天。

A.172.36   B.170   C.182   D.175.32

12.下列各项反映企业营运能力的是（   ）。

A.资产负债率   B.流动比率

C.存货周转率   D.资产报酬率

13.某企业应收账款周转次数为4.5次，假设一年按360天计算，则应收账款周转天数为（　　）天。

　　A.0.2　　　　　　　B.81.1　　　　　　　C.80　　　　　　　D.730

14.企业在进行盈利能力分析时，应重点分析的是（　　）。

　　A.正常营业的损益

　　B.买卖证券的损益

　　C.会计准则和财务制度变更造成的累计损益

　　D.重大事故造成的损益

15.某公司本年度实现净利润200万元，支付优先股10万元，年初、年末普通股股数均为100万股，则该公司的每股收益为（　　）元。

　　A.2　　　　　　　B.1.5　　　　　　　C.1.9　　　　　　　D.2.1

16.资本保值增值率是根据（　　）设计的。

　　A.资本积累约束　　　　　　　　B.资本保全原则

　　C.投资与收益对等原则　　　　　　D.分配与积累并重原则

四、多项选择题

1.下列各项会使企业实际可能的偿债能力强于财务报表反映的偿债能力的有（　　）。

　　A.商业承兑汇票办理贴现

　　B.准备近期出售一部分设备

　　C.与银行签订的周转信贷协定尚有余额

　　D.售出的产品可能发生质量赔偿

2.下列各项指标中，可用于分析企业长期偿债能力的有（　　）。

　　A.产权比率　　　　　　　　B.流动比率

　　C.资产负债率　　　　　　　D.存货周转率

3.若流动比率大于1，则下列结论不一定成立的有（　　）。

　　A.速动比率大于1　　　　　　B.净营运资金大于0

　　C.资产负债率大于1　　　　　　D.短期偿债能力绝对有保障

4.反映企业短期偿债能力的比率有（　　）。

　　A.流动比率　　　　　　　　B.速动比率

　　C.资产负债率　　　　　　　D.现金流动负债比率

5.如果企业流动比率过高，则意味着企业（　　）。

　　A.存在闲置现金　　B.存在存货积压　　C.应收账款周转缓慢　　D.偿债能力很差

6.计算速动比率时，从流动资产中扣除存货的重要原因有（　　）。

　　A.存货的价值较大　　　　　　B.存货的质量难以保证

　　C.存货的变现能力较弱　　　　　D.存货的变现能力不稳定

7.下列各项说法中，正确的有（　　）。

　　A.从债权人角度看，资产负债率越大越好

　　B.从债权人角度看，资产负债率越小越好

　　C.从股东角度看，资产负债率越大越好

    D.从股东角度看，当全部资本利润率高于债务利息率时，资产负债率越大越好

8.分析企业营运能力的比率有（　　　　）。

    A.速动比率   B.利息保障倍数

    C.应收账款周转期   D.固定资产周转率

9.影响存货周转率的指标有（　　　　）。

    A.销售收入   B.销售成本   C.存货计价方法   D.进货批量

10.进行存货周转情况分析时，下列各项表述中正确的有（　　　　）。

    A.存货周转次数多，表明存货周转慢

    B.存货周转次数少，表明存货周转慢

    C.存货周转天数多，表明存货周转慢

    D.存货周转天数少，表明存货周转慢

11.应收账款周转率提高，意味着（　　　　）。

    A.短期偿债能力增加   B.收账费用减少

    C.收账迅速，账龄较短   D.销售成本降低

12.在其他条件不变的情况下，会引起总资产周转率指标上升的经济业务有（　　　　）。

    A.用现金偿还负债   B.借入一笔短期借款

    C.用银行存款购入一台设备   D.用银行存款支付一年的电话费

13.对股份制企业而言，反映其获利能力的比率有（　　　　）。

    A.总资产净利率   B.市盈率

    C.每股收益   D.销售净利率

14.下列各项比率越高，说明企业获利能力越强的有（　　　　）。

    A.总资产净利率   B.成本费用利润率

    C.资产负债率   D.应收账款周转率

15.下列各项属于反映企业发展能力的指标有（　　　　）。

    A.营业增长率   B.总资产报酬率

    C.所有者权益增长率   D.总资产增长率

五、判断题

1.不论是企业的债权人、投资者，还是经营者，都希望流动比率越高越好。（　　　）

2.资产负债率与产权比率的乘积等于1。（　　　）

3.一般来说，企业的已获利息倍数应至少大于1，否则将难以按期偿还债务及利息。（　　　）

4.尽管流动比率可以反映企业的短期偿债能力，但有的企业流动比率较高，却可能没有能力支付到期的应付账款。（　　　）

5.在其他条件不变的情况下，权益乘数越大，财务杠杆系数越大。（　　　）

6.现金流动负债比率表明用现金偿还短期债务的能力，企业应尽量使其大于或等于1。（　　　）

7.资产负债率越高，说明企业的偿债能力越强。（　　　）

8.对于企业来说，存货周转率过高，未必就说明存货管理得好。（　　）

9.应收账款周转率过低或过高对企业都可能是不利的。（　　）

10.一般来说，制造业普遍比商品流通业保持较高的总资产周转率。（　　）

11.净资产收益率是一个综合性极强的财务比率，是杜邦财务分析体系的核心。（　　）

12.每股收益越高，意味着股东可以从公司分得越多的现金股利。（　　）

13.在销售净利率不变的情况下，提高总资产周转率可以提高总资产净利率。（　　）

14.成本费用利润率越低，说明企业为获取收益而付出的代价越小。（　　）

15.如果本年所有者权益增长率小于1，则说明企业所有者权益出现负增长。（　　）

六、业务题

1.丙企业2022年度简略的资产负债表见表10-1。

表10-1　　　　　　　　　　丙企业资产负债表（简表）

编制单位：丙企业　　　　　　　　　　　2022年12月31日　　　　　　　　　　　单位：万元

资　产	金　额	负债和所有者权益	金　额
货币资金	200	短期借款	340
应收账款	850	应付账款	420
存货	480	流动负债合计	760
流动资产合计	1 530	长期借款	780
固定资产	820	非流动负债合计	780
		负债合计	1 540
无形资产	350	实收资本	1 050
长期待摊费用	120	留存收益	230
非流动资产合计	1 290	所有者权益合计	1 280
资产总计	2 820	负债和所有者权益总计	2 820

要求：根据丙企业2022年度的资产负债表（简表），分别计算2022年年末的流动比率、速动比率、资产负债率、产权比率和权益乘数。

2.丁公司2022年度的资产负债表（简表）见表10-2。

表10-2　　　　　　　　　　丁公司资产负债表（简表）

编制单位：丁公司　　　　　　　　　　2022年12月31日　　　　　　　　　　单位：元

资　　产	金　　额	负债和所有者权益	金　　额
货币资金	25 000	流动负债	
应收账款		非流动负债	
存货		负债合计	
固定资产	294 000	所有者权益合计	240 000
资产总计		负债和所有者权益总计	

已知该公司2022年的营业成本为315 000元，存货周转次数为4.5次，年末流动比率为1.5，产权比率为0.8，期初存货等于期末存货。

要求：

（1）根据上述资料计算填列该公司2022年度的资产负债表（简表）。

（2）假定2022年的销售收入为430 000元，期初应收账款等于期末应收账款，计算该公司2022年的应收账款周转期。

3.A公司2022年的相关财务资料见表10-3和表10-4。

表10-3　　　　　　　　　　A公司资产负债表（简表）

编制单位：A公司　　　　　　　　　　2022年12月31日　　　　　　　　　　单位：万元

资　　产	金　　额	负债和所有者权益	金　　额
货币资金		流动负债	
交易性金融资产	50	非流动负债（利率10%）	200
应收账款		负债合计	
存货		实收资本	300
流动资产合计		资本公积	100
固定资产（净值）		盈余公积	400
		未分配利润	200
非流动资产合计		所有者权益合计	1 000
资产总计		负债和所有者权益总计	

表10-4 　　　　　　　　　　A公司利润表（简表）
编制单位：A公司　　　　　　　　　　2022年度　　　　　　　　　　单位：万元

项　　目	金　　额
营业收入	
营业成本	
毛利	800
管理费用	
财务费用（长期债务利息）	
利润总额	
所得税费用（税率25%）	
净利润	

补充资料如下：

（1）产权比率为1.2。

（2）应收账款周转期为27天，期初应收账款余额为260万元。

（3）存货周转率为8次，期初存货余额为430万元。

（4）销售毛利率为20%。

（5）速动比率为1.4。

（6）管理费用占销售净额的10%。

要求：计算填列上述资产负债表（简表）和利润表（简表）中空缺的数值。

4.某企业2022年的有关财务资料如下：年末流动比率为2，年末速动比率为1.2，存货周转率为5次。年末资产总额为200万元（年初200万元），年末流动负债为35万元，年末非流动负债为35万元，年初存货为30万元。2022年的销售净利率为21%，总资产周转率为0.8次。假设该企业流动资产只有货币资金、应收账款和存货。

要求：

（1）计算该企业2022年的年末流动资产总额、年末资产负债率和净资产收益率。

（2）计算该企业 2022 年的存货、销售成本和销售收入。

5.某股份有限公司本年利润分配及年末股东权益的有关资料见表 10-5。

表 10-5　　　　　　　　　利润分配及股东权益有关资料表　　　　　　　　单位：万元

项　目	金　额	项　目	金　额
净利润	2 100	股本（每股面值 1 元）	3 000
加：年初未分配利润	400	资本公积	2 200
可供分配利润	2 500	盈余公积	1 200
减：提取法定盈余公积金	500	未分配利润	600
可供股东分配的利润	2 000		
减：提取任意盈余公积金	200		
已分配普通股股利	1 200		
未分配利润	600	所有者权益合计	7 000

该公司当前的股票市场价格为每股 10.5 元，流通在外的普通股为 3 000 万股。

要求：

（1）计算普通股每股利润。

（2）计算当前的股票市盈率、每股股利、股利支付率。

（3）计算每股净资产。

任务四　财务综合分析与评价

一、名词解释

1.综合财务分析

2.杜邦财务分析体系

3.综合评分法

二、思考题

1.财务比率综合评分法的分析步骤有哪些？

2.杜邦分析图提供了哪些财务信息？

三、单项选择题

1.综合评分法的标准比率是以（　　　　）为基础，并进行适当的修正。
　A.本行业最高值　　　　　　　　　B.本行业平均数
　C.本行业最低值　　　　　　　　　D.本企业历史最高值

2.杜邦分析法主要用于（　　）。

A.企业偿债能力分析　　　　　　B.企业营运能力分析

C.企业财务状况的趋势分析　　　D.企业财务状况的综合分析

四、多项选择题

1.从杜邦财务分析体系可知，提高净资产收益率的途径包括（　　）。

A.加强负债管理，降低负债比率　　B.加强成本管理，降低成本费用

C.加强销售管理，提高销售净利率　　D.加强资产管理，提高总资产周转率

2.下列各项属于综合财务分析方法的有（　　）。

A.比率分析法　　B.综合评分法　　C.杜邦分析法　　D.趋势分析法

五、判断题

1.某企业去年的销售净利率为5.71%，总资产周转率为2.17；今年的销售净利率为4.88%，总资产周转率为2.88。若两年的资产负债率相同，则今年的净资产收益率对比去年的变化趋势为上升。　　　　　　　　　　　　　　　　　　（　　）

2.利用综合评分法分析企业财务状况，其关键在于正确确定各项财务比率的权重和标准值。　　　　　　　　　　　　　　　　　　　　　　　　　　　　　（　　）

六、业务题

某公司2022年的销售收入为62 500万元，相比2021年提高28%，有关的财务比率见表10-6。

表10-6　　　　　　　　　　某公司有关财务比率

财务比率	2022年同行业平均	2021年本公司	2022年本公司
销售净利率	6.27%	7.20%	6.81%
总资产周转率	1.14	1.11	1.07
资产负债率	58%	50%	61.30%

要求：

（1）分别计算2022年本公司和同行业平均的净资产收益率，运用连环替代法分析形成差异的原因。

（2）分别计算本公司2021年和2022年的净资产收益率，运用连环替代法分析形成差异的原因。

案例与实训

一、案例分析

万福生科财务造假案例

万福生科股份有限公司（以下简称"万福生科"）坐落于湖南省常德市，其前身为成立于2003年的湖南省桃源县湘鲁万福有限责任公司。2006年3月，该公司更名为湖南湘鲁万福农业开发有限公司。2009年10月7日，经股东大会审议通过，其整体变更设立万福生科（湖南）农业开发股份有限公司。2012年11月23日，万福生科收到深圳证券交易所对公司及相关当事人给予公开谴责的信息，公开致歉。30天前，万福生科发布更正公告，承认"业绩不是真实的"。以2012年半年报为例，该公司虚增营业收入1.88亿元，虚增营业成本1.46亿元，虚增利润4023万元，以及未披露公司上半年停产。

造假之一：虚增收入

万福生科本是一家业内籍籍无名的稻米加工企业，坐落在湖南常德沅江边上。2011年9月27日，该公司以每股25元的发行价成功登陆创业板，加上超募资金，共募集4.25亿元，曾被多家券商誉为"新兴行业中的优质企业"。南方周末记者对万福生科进行长达3周的追踪调查后发现，公告中轻描淡写的数据背后，是一连串令人触目惊心的造假骗局。万福生科收入造假集中在麦芽糊精、葡萄糖粉、麦芽糖浆等所谓稻米精深加工产品，以配合该公司在资本市场上包装和炒作"稻米精深加工和循环经济模式"。在万福生科的十多种产品中，收入造假最离谱的是麦芽糊精。该公司中期报告显示，该产品的销售收入达到1124万元。但南方周末记者从多个渠道证实，万福生科当年麦芽糊精的收入不超过10万元。这意味着，麦芽糊精收入虚增超过100倍。关于葡萄糖粉，半年报显示上半年葡萄糖粉卖了1400万元，而实际只卖了43万元，虚增了30多倍。关于麦芽糖浆，2012年上半年销售高达1.22亿元，而公司的更正公告称，麦芽糖浆的真实收入在2000万元左右，在麦芽糖浆收入上虚增超过5倍。半年报还显示，蛋白粉收入为2754万元，而通过查账底稿可知，其实际收入仅为352万元，虚增了近7倍。万福生科上半年的优质米销售收入为5112万元，但根据公司发布的中报更正数据，其实际仅为1120万元，虚增了近4倍。此前造假的中报显示，上半年营业收入为2.7亿元，而更正后此项数据仅为8217万元，收入总额虚增近1.8亿元。更令人吃惊的是，万福生科2011年下半年成功上市，从股市圈走近4.25亿元资金，而仅仅过了9个月其业绩就"变脸"——亏损1117万元。上述产品的毛利率也严重造假，从万福生科中报更正数据可以看出，葡萄糖粉、麦芽糖浆、蛋白粉的实际毛利率为5.75%、10.88%、14.07%，而此前造假申报的毛利率高达22.08%、21.84%、25.99%。

手段之一：虚构收入

万福生科在招股说明书中公布了从2008年到2012年上半年的前5名客户销售情况。南方周末记者翻阅了所有公开资料后发现，从2008年到2012年上半年，万福生科所披露的10家主要客户中，有6家存在或涉嫌虚假交易、虚增销售收入等行为。经南方周末记者调查，这些客户中有的几年前就停止购买万福生科的大米，有的早就已经停产。

手段之二：虚构合同

万福生科在销售合同中披露了与华源粮油经营部签订的两份合同。同样地，其与傻牛食品厂也有三份合同被一同披露。这两家企业的负责人均向南方周末记者证实，与万福生科早已无生意往来，采购合同又从何而来？"外行人以为客户收入可以随意编造，其实并不容易"，一位熟悉上市公司造假的财务专家说。编制假合同的目的，是让虚假业务看起来真实合理。据其介绍，伪造客户收入的工作相对烦琐，需要私刻客户假公章、编造销售假合同、虚开销售发票、编制银行单据、编造假出库单等一系列造假工序的配合，才能让虚增销售收入看起来合理。"要让虚增的销售额没有破绽，甚至要到税务部门为假收入纳税"，上述财务专家称。

造假之二：虚增资产

根据该公司2012年中期财务更正公告，截至2012年6月底，万福生科在建工程虚增8 036万元，预付款项虚增4 469万元。仅仅2012年上半年，万福生科"在建工程"项目账面余额从8 675万元增至1.8亿元，增加了9 325万元。而万福生科大量的预付款项，是支付给个人的，交易原因为"预付工程设备款"。而这些个人都是虚拟的，方便把钱流转出去。不过，但凡造假，必有破绽。万福生科财务造假的破绽，正是从被大家所忽略的现金流量表开始的。2012年上半年，尽管万福生科在建工程增加了9 325万元，但现金流量表中，该公司购建固定资产、无形资产和其他资产支付的现金只有5 883万元。按道理说，这中间3 442万元的差额，会造成预付款项的减少，但预付款项不减反增。如此一来，万福生科的整体逻辑很清楚：虚增销售额，但客户的银行流水进账不会作假。接下来，该公司要想办法把多收客户的钱给退回去。如果直接通过银行流水退回，会引起怀疑，于是其以大量在建工程支出以及采购为由，把钱还给客户，形成看似合理的银行流水。

资料来源：证券时报·e公司. 涉嫌信息披露违法违规 桂东电力遭证监会立案调查［EB/OL］.［2022-07-19］. https://finance.eastmoney.com/a/202207192454540326.html.

根据上述资料，分析讨论以下问题：

（1）万福生科在会计信息质量要求方面存在什么问题？

（2）结合万福生科财务造假案例，谈谈中国证监会起到什么作用？

二、实训项目

1.项目名称：企业财务分析。

2.实训目的：

（1）了解财务分析的含义和目的；

（2）运用财务分析的指标体系；

（3）掌握财务分析的各种方法。

3.实训场景：连接网络的计算机。

4.实训指导：

（1）假设你目前有50 000元，准备投资于股票。

（2）了解股票投资的操作程序，以及各种股票指数的发展态势。

（3）收集至少两家你可能投资的上市公司的财务报告，进行加工整理。

（4）分别计算各公司的偿债能力、营运能力、盈利能力和发展能力的典型指标。

（5）通过指标的比较和分析，作出你的投资决策。

5.实训报告：

实训后应完成实训报告，具体内容包括：通过了解股票知识，分析可以选择的股票类型有哪些？不同类型的股票投资的结果有何区别？影响这些结果的因素有哪些？财务分析对投资决策有何影响？通过实训你有哪些收获？